십 대의 손으로

정의로운 사회
만들기

십 대의 손으로
정의로운 사회 만들기

2018년 5월 21일 처음 펴냄
2021년 5월 20일 5쇄 펴냄

지은이 마릴리 피터스 | 옮긴이 김보미
펴낸이 신명철 | 편집 윤정현 | 영업 박철환 | 관리 이춘보 | 디자인 최희윤
펴낸곳 (주)우리교육 | 등록 제 313-2001-52호
주소 03993 서울특별시 마포구 월드컵북로 6길 46
전화 02-3142-6770 | 팩스 02-3142-6772
홈페이지 www.urikyoyuk.modoo.at

ISBN 978-89-8040-386-8 43300

Making it Right: Building Peace, Settling Conflict
Originally published in North America by: Annick Press Ltd.
Copyright ⓒ 2016, Marilee Peters(test)/Annick Press Ltd.
All right reserved

Korean translation copyright ⓒ 2018 by Urikyoyuk co., Ltd.
Korean translation rights arranged with Annick Press Ltd.
through EYA(Eric Yang Agency).

이 도서의 국립중앙도서관 출판시도서목록(CIP)은
서지정보유통지원시스템 홈페이지(http://seoji.nl.go.kr)에서 이용하실 수 있습니다.
(CIP 제어번호:CIP2018014497)

십 대의 손으로
정의로운 사회 만들기

마릴리 피터스 지음 | 김보미 옮김

우리교육

차례

2. 청소년들이 시작한 회복적 정의

3. 문제아는 어떻게 변화하는가?

6. 미래를 위한 희망 만들기

법을 어기면 감옥에 가. 어떤 사람은 정의를 매우 명쾌한 것으로 생각하지만 과연 그럴까? 다른 정의가 있다면 어떨까? 사람들을 하나로 모으고, 그들을 치유하고, 범죄를 예방할 수 있는 정의가 있다면 말이야.

정의는 어디에 있을까?

"이런, 도둑이 들었어!"

하루를 마치고 집에 도착한 너와 네 가족이 박살난 현관 자물쇠를 발견했다고 상상해 보자. 집 안은 엉망이고. 넌 낯선 사람들이 네 물건들 사이를 돌아다니며 집 안에 있었다는 사실을 깨달은 채 출입구에 서 있어. 그들이 네 방에 들어갔을까? 없어진 건 무엇일까? TV와 컴퓨터, 엄마의 보석들, 생일 선물로 받은 너의 아이팟 등 모든 게 사라졌어!

그날 밤 늦게, 경찰들이 모두 돌아가고 엉망이 된 집 안을 정리하고 나서야 넌 잠을 청하려고 침대에 누웠어. 하지만 잠들 수가 없어. 두려움으로 긴장한 넌 모든 소리에 움찔거려. '도둑들이 다시 오면 어쩌지? 침대에서 다시 안전함을 느낄 수 있을까?'

전 세계에서 범죄*는 섬뜩한 현실이야. 어떤 나라들에서는 전쟁과 테러리즘, 그리고 탄압이 일상생활의 일부이며, 아이들에게도 그건 마찬가지야. 폭력적인 충돌에 관련된다는 건 삶이 중단되고, 그 중단이 절대로 끝나지 않는 것과 같아. 네가 전쟁에서 살아남았다면, 그러니까 폭격과 총격, 혼란의 틈에서 생존했다면, 그 폭력이 끝났을 때 어떤 기분일 것 같아? 두려움과 분노를 극복하고 너의 적이었던 사람들과 평화롭게 사는 법을 배울 수 있을 것 같아?

네가 범죄 피해자*든 전쟁 피해자든, 넌 소중한 것을 잃었어. 바로 타인에 대한 신뢰야. 그렇다면 신뢰를 회복하고 폭력이 가져온 피해를 치유할 방법이 있을까?

현대사회에서 우리는 범죄자*를 감옥에 보내는 방식으로 범죄를 처리해. 이 방식은 적어도 그들이 더 많은 범죄를 저지르는 것을 어느 정도 방지하며, 그들의 자유를 박탈함으로써 법을 어긴 것에 대한 벌을 내려. 하지만 몇몇 사람은 누군가를 감옥에 집어넣는 방식이 항상 옳은 해결책은 아니라고 말해. 범죄자에게도, 그리고 범죄로 피해를 당한 사람들에게도 말이야. 만약 너희 집에 도둑이 들었다면, 넌 어떤 사실에 더 화가 날 것 같아? 도둑이 법을 어겼다는 사실일까, 그들이 네 귀중품을 훔쳐가고 집을 불안하게 느끼도록 만들었다는 사실에 대해서일까. 대부분은 두 번째가 답일 거야. 많은 사람이 전쟁이나 분쟁이 끝난 후 이런 식으로 느껴. 그들

---

*범죄: 법을 위반하는 행위.
*피해자: 범죄로 피해를 본 사람.
*범죄자: 법을 위반하여 기소되거나 자신의 유죄를 인정한 사람.

은 다시 평화 속에 살기를 원할 뿐이야. 너에게 잘못한 사람을 철창에 가두는 방식이 네 복수심을 만족하게 할 수는 있겠지만, 그것이 진정으로 너에게 안전감을 되돌려 줄까? 더 좋은 방법이 있다면 어떻게 하겠어?

법정*도, 변호사도, 판사*도 그리고 배심원*도 없다고 생각해 봐. 대신 피해자와 범죄자, 그리고 그들의 가족과 공동체 구성원들이 조정자와 함께 둘러앉아 이야기하는 거지. 그들은 어떤 일이 벌어졌는지, 왜 그런 일이 생겼는지, 그리고 그 일로 인해 어떤 느낌을 받았는지를 이야기하겠지. 그런 다음 그들은 일을 바로잡기 위한 방법을 이야기할 거야.

판타지처럼 들리니? 실제로 이런 대안적 범죄 처리 방식이 전 세계적으로 이미 시행되고 있고, 어쩌면 네가 사는 곳에서도 시행되고 있을지 몰라. 처벌에 초점을 맞추는 대신, 피해자와 범죄자, 그리고 공동체가 균열을 치유하고 피해를 복구하기 위해 무엇이 필요한지를 생각하는 거지. 이런 제도를 회복적 정의*라고 부르는데, 범죄와 그 결과를 대하는 새로운 방식이야.

---

*법정: 정의가 집행되는 장소.

*판사: 법정의 소송 절차를 주관하는 국가 공무원. 범죄로 기소된 사람이 무죄인지 유죄인지를 결정하는 권한을 가지고 있다.

*배심원: 법정에서 증거를 듣고 피고인이 무죄인지 유죄인지를 판단하도록 선택된 시민들.

*회복적 정의: 범죄로 인한 피해를 복구하고 범죄자의 갱생에 초점을 맞추는 사법 제도.

회복적 정의가 어떻게 작용하는지에 관한 사례를 들려줄게.

어느 날 밤, 리사는 마을 골목 가게의 기물들을 파손하고 유리창을 깨뜨렸어. 하지만 리사는 운이 좋았어. 상점 주인이 법정에 가는 대신 회복적 정의 절차에 동의했기 때문이지. 몇 주 후, 조정자가 리사가 저지른 일을 '바로잡을' 방법을 모색하기 위해 리사와 그녀의 부모, 상점 주인, 그리고 공동체 구성원 몇몇을 한자리에 불렀어. 리사는 상점 주인이 상점을 열기 위해 얼마나 열심히 일했는지, 그리고 그 일을 얼마나 자랑스럽게 여기는지에 대해 말하는 걸 경청했어. 그녀는 그가 이제 십 대들이 가까이만 와도 얼마나 걱정되는지를 설명할 때 고개를 떨궜어. 리사는 그녀와 그녀의 친구들이 골목길에서 어울려 놀다가 그저 따분해서 무심코 돌멩이 하나를 던졌을 뿐이라고 설명했어. 그러고는 바로 상점 주인에게 사죄했지.

회의 참석자들은 리사가 새 창문 비용을 갚을 때까지 매장을 청소하는 계획을 세운 후, 마을의 십 대들이 지루함을 해소할 방법을 논의했어. 어쩌면 방과 후 청소년들이 머물 회관이 필요했는지도 몰라. 리사를 처벌하는 것에 집중하는 대신, 참석자들은 그들의 마을을 더 좋은 곳으로 만드는 방법을 찾으려고 노력했어.

이런 방식이 성공하면 피해자는 치유에 도움을 받고 범죄자의 삶은 변화되며 공동체는 모두에게 안전해져. 문제가 학교 괴롭힘이든 공공기물 파손이든 혹은 전쟁 범죄나 억압적인 정부든, 사람들은 함께 궁리하면 갈등 해결책을 찾고 폭력을 종결시킬 수 있다는 걸 깨달아 가고 있어. 그리고 여기에는 청소년들이 참여할 많은 방법이 있어.

이 책에서 우리는 전에는 적이었던 사람들이 평화롭게 함께 살 수 있도록 노력하는 전 세계 여러 지역 청소년들의 이야기를 살펴볼 거야. 그리고 우리가 지금의 방식으로 범죄자를 대우하는 까닭과 역사를 통틀어 문화마다 법과 질서에 얼마나 다르게 접근해 왔는지를 알아보기 위해 정의의 역사도 조사할 거고. 그리고 회복적 정의가 어떻게 갈등을 방지하고 관계를 회복시키며 범죄와 폭력을 줄일 수 있는지를 알아볼 거야. 그래도 여전히 너무 현실적이지 않다는 생각이 든다면, 기억하자. 이것은 마법의 공식이 아니라 사람들이 서로에게 귀 기울이고 서로를 이해하기 위해 열심히 노력함으로써, 진정으로 세상을 더 안전하고 더 평화로운 곳으로 만드는 시작점이라는 걸 말이야.

이 책에서 읽게 될 쇼반 올라일리, 조지 카터, 헤더 써리어, 레일라 하산데딕, 아른 촌을 비롯한 여러 젊은 활동가는 실존 인물들이야. 우리의 사법 제도가 바뀔 필요가 있는지를 사람들이 생각해 보게 한 범법 청소년들인 러스 켈리, 프랭크 브라운, 마이클 페이 역시 마찬가지고. 그들의 이야기를 찾기 위해 나는 신문과 잡지 기사들을 읽었고 책으로도 조사했으며 어떤 경우에는 그들과 서신을 주고받거나 인터넷 전화로 이야기를 나눴어. 그들을 아는 사람들과 함께하기도 했지. 각 장을 여는 짧은 이야기들은 가상이지만 실제 사건을 바탕으로 했어. 예를 들어, 우간다 십 대들이 신의 저항군과의 오랜 전쟁이 일으킨 피해에 대해 다른 사람들의 관심을 끌고자 실시한 조사 등을 찾을 수 있어. 이 이야기는 6장에서 읽을 수 있을 거야. 더불어 이 책에 실린 다른 여러 이야기가 너에게 아이디어를 줄 수 있기를 바라. 삶에서 마주치는 갈등을 해결하기 위해 네가 할 수 있는 행동에 관한 아이디어를 말이야. 이 책을 쓰는 동안 들은 용감한 젊은이들의 모든 놀라운 이야기에서 내가 배운 바가 하나 있다면, 우리 한 사람 한 사람이 평화 조정자가 될 수 있다는 거야. 우리가 충분히 귀 기울이고 충분히 이해하며 충분히 노력한다면 말이지.

회복적 정의

피해자를 치유하고
범죄자의 삶이 변화하며,
공동체는 모두에게 안전해진다

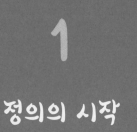

1
정의의 시작

회복적 정의가 새로운 개념 같아? 정의가 언제나 경찰과 변호사, 그리고 판사들이 일반 시민들을 책임지는 형태였던 건 아니야. 역사를 통틀어 전 세계 대부분 지역에서 정의는 일대일 방식으로 처리돼 왔어. 그런 방식은 지금도 몇몇 지역에서 행해지고 있지.

돼지 떼의 습격 _ 파푸아뉴기니

늦은 오후, 모나와 남동생 피디는 학교에서 집으로 돌아가는 길이었다. 집에 다다를 무렵, 뭔가 잘못되었다는 느낌이 들었다. 고함과 괴성, 꿍음이 들리고 있었다. 그리고 그들은 집 텃밭 주변에 쳐 놓은 나무 울타리가 완전히 망가져 버린 걸 발견했다. 모나와 피디는 달리기 시작했다. 그들은 집 안으로 뛰어들어 갔다. 어머니는 집 앞에 나와 막대기를 휘두르면서, 텃밭에 침입해 가족들이 소중하게 가꾼 채소들을 짓밟으며 파헤치는 돼지 떼를 향해 소리 지르고 있었다.

모나는 돌멩이를 움켜쥐고는 난동 피우는 돼지 떼를 겨냥해 있는 힘껏 던졌다. '딱!' 돌멩이는 커다란 흑백얼룩 암퇘지의 등허리에 맞았다. 암퇘지가 꽤액 비명을 지르며 울타리의 벌어진 틈으로 돌진하던 순간, 모나와 피디의 아버지가 엽총을 가지고 나타났다. 그가 총을 쏘자 그 돼지는 육중한 소리를 내며 마당에 털썩 쓰러졌다. 그들의 집을 습격한 나머지 돼지 떼는 망가진 울타리를 뚫고 사라져 버렸고, 모나와 피디, 그리고 그들의 부모는 폐허가 된 텃밭에 남겨져 망연자실했다.

아버지는 걸어가서 죽은 돼지를 걷어찼다. "돼지 한 마리로는 말이지……" 아버지는 으르렁거리듯 뒤이어 말했다. "이걸로는 우리가 잃은 걸 보상할 수 없어. 이 텃밭에 남은 건 아무것도 없잖아. 이제부터 우리는 무얼 먹어야 하지?"

"그 돼지들이 다 어디서 왔을까요?" 모나가 물었다. 파푸아뉴기니의 많은 사람이 돼지를 기르긴 하지만, 이건 그 마을의 어느 누가 소유한 것보다도 큰 돼지 떼였다.

"내가 한번 찾아보마." 아버지가 단호하게 대답했다. "돼지 주인이 보상하게 될 거다."

그는 엽총을 어깨에 메고 마을로 성큼성큼 걸어갔다. 그날 저녁, 아버지는 마을 사내들과 함께 돌아왔다. 그는 그들에게 망가진 울타리와 짓밟힌 텃밭, 죽은 돼지를 보여 주었다. 돼지는 모나와 그녀의 어머니가 이미 도축한 상태였다. 사내들은 오랫동안 심각하게 이야기를 주고받았다.

모두가 떠나자, 모나는 아버지에게 어떻게 된 일인지를 물었다. "돼지들이 옆 마을에서 탈출했다는구나." 아버지가 설명했다.

'만약 그가
위로금을
지불하지 않으면
어쩌죠?'

모나는
아버지에게
물었다.

'그러면 우리는
그와 가족에게
반드시 복수해야한다.'

"우리 마을 사람들이 그곳에 가서 돼지들이 한 짓을 말할 거다. 그 돼지 떼 주인은 우리 가족이 입은 피해에 대해 위로금을 내야 할 거야." 파푸아뉴기니의 공용어 중 하나인 톡피신어로, 위로금은 '배상금'*이나 보상 차원에서 내는 돈이란 뜻이다.

다음 날, 이웃 마을 남자들이 달아난 돼지 떼 주인을 데리고 도착했다. 양쪽 마을의 남자들이 모나와 피디의 가족이 받아야 할 보상을 논의하기 위해 둘러앉았다. 돼지 떼 주인은 자신이 돼지 한 마리를 잃은 사실을 지적했다. 모나와 피디 가족이 돼지를 도축해서 가지고 있는 한, 그만큼은 보상할 수 없다고 했다.

"이 가족은 올해 아무것도 수확할 수 없습니다. 당신의 돼지들이 이들의 텃밭을 망쳐 놓았기 때문이죠." 마을 촌장이 근엄하게 대꾸했다. "당신은 이들에게 그에 대해 보상해야만 합니다."

마침내 그들은 합의에 도달했고, 파푸아뉴기니식 사과 의식이 시작됐다. 돼지 주인은 머리를 숙이고 그의 돼지들이 일으킨 문제에 대해 사죄했다. 그는 망가진 울타리의 보수 비용을 댈 것과 가족들이 입은 손해를 대신하기 위해 자신의 텃밭에서 나온 채소를 공유할 것을 약속했다. 아버지는 만족한 듯 보였지만, 모나는 의문이 들었다.

"그가 위로금을 내지 않으면 어쩌죠?" 모두가 돌아간 후, 아버

---

*배상금: 피해를 본 사람이나 단체에 보상하기 위해 주어지는 돈이나 다른 형태의 지원.

지에게 모나가 물었다. 그는 진지하게 딸을 바라봤다. "그러면 그와 그의 가족에게 반드시 복수해야 한다. 우리는 우리를 모욕한 그 마을을 기필코 공격할 거다."

정의까지 한걸음 더
이웃의 신뢰를 체감하는 법

북아메리카의 오지브와족에게는 그들이 공동체에 얼마나 의존하는지를 범죄자에게 정확히 가르쳐 주는 관례가 있어. 그것도 아주 극적인 방법으로 말이야. 만약 누군가가 다른 사람들에게 해를 끼쳤다면, 몇몇 남성이 담요 위에 범죄자를 올린 다음 하늘 높이 계속해서 던져. 그러다가 모두가 어느 순간 일제히 담요를 놓으면, 범죄자는 땅에 쿵 떨어져 버리지.

범죄자는 나중에 멍든 곳을 치료하면서, 그 경험에서 배운 것을 다시 생각해 보는 거야. 그는 자신이 위로 높이 던져질 때마다 무리가 담요를 놓지 않기를 간절히 바랄 거야. 땅에 곤두박질치리라 예상하며 기다리던 그 순간, 그는 타인들의 지지가 얼마나 중요한지 명확히 이해하겠지. 오지브와족의 '담요로 던지기'는 범죄자들에게 인생의 오르막과 내리막을 살아내는 방법은 공동체와 좋은 관계를 맺고 유지하는 일이라는 걸 알려 줘.

범죄가 있어 삶을 지탱하는 사람들

인류는 긴 역사 동안 갈등을 해결할 많은 방법을 시도해 왔어. 지금도 완벽한 해결책을 찾는 중이지. 범죄자에게 책임을 지우고 희생자에게는 정의를 선사하며 더 많은 범죄가 일어나는 것을 방지할, 그리고 모두에게 공정한 해결책을 말이야.

오늘날 세계 대부분 지역의 사람들은 범죄가 무엇이며 각각의 범죄가 어떻게 처리되어야 하는지를 정의하는 법 규범 아래 살고 있어. 누군가가 법을 어긴 것이 발각되면, 경찰들은 그러한 이들을 체포하고 재판*에 부치지. 유죄인 게 밝혀지면 그들은 벌을 받고 말이야. 범죄가 심각할 경우, 특히 범인이 그 전에 다른 범죄를 저질렀다면 그는 감옥에 갈 가능성이 커.

이 시스템을 운영하는 데에는 많은 인력과 돈, 그리고 노력이 들어. 법정에서 피의자를 두고 갑론을박하는 검찰과 변호사, 형벌을 결정하는 판사, 교도관과 보호 관찰관*, 사회복지사 등등 필요한 사람들 목록이 계속 이어지지. 미국에서는 형사 사법 제도 아래서 약 230만 명의 사람이 일해. 만약 이 사람들을 한 도시 안에 몰아넣는다면, 그곳은 미국에서 네 번째로 큰 도시가 될 거야.

---

*재판: 법원에서 열리는 청문회로, 범죄 혐의자를 상대로 소송을 제기한 당사자들이 참석하며 판사 또는 배심원은 해당 인물이 유죄인지 무죄인지를 결정한다.
*보호 관찰관: 출소한 범죄자를 감독하고 지원해 주는 사람.

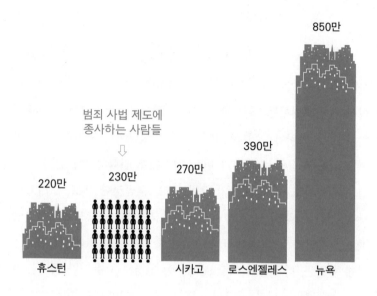

850만

범죄 사법 제도에
종사하는 사람들
⇩

390만

270만

220만   230만

휴스턴   시카고   로스엔젤레스   뉴욕

정부는 평화를 지키고 시민들을 보호하기 위해 이런 사법 제도를 제정했고, 많은 사람이 갈등을 해결하기 위해 사법 제도에 의존해. 만약 누군가가 널 위협하고 다치게 하거나 네 물건을 훔친다면, 너와 네 가족은 어떻게 할 것 같아? 대부분의 사람은 가장 먼저 전화기를 들어 경찰을 부를 거야.

정의는 모두를 위한 걸까?

민주주의 국가의 현대적 사법 제도는 모든 사람을 동등하게 대우하게 되어 있어. 돈이 많든 적든, 나이가 어리든 많든, 남성이든 여성이든, 흑인이든 백인이든 말이야. 하지만 항상 그런 식으로 운영되는 건 아니야. 오늘날 미국의 많은 지역에서 범죄의 희생양이 된 흑인은 도움을 요청하기 위해 경찰에게 전화하기에 앞서 한 번 더 생각할지도 몰라. 경찰의 오발 사고, 불공정한 체포, 그리고 긴 투옥 기간은 많은 사람에게, 그러니까 흑인과 백인 모두에게 사법 제도란 흑인을 돕기 위해서가 아니라 해치기 위해서 존재한다고 느끼게 했거든. 미국만이 이런 불평등이 발생하는 유일한 국가는 아니야. 미국뿐 아니라 캐나다와 오스트레일리아, 그리고 뉴질랜드 같은 많은 다른 나라에서도 원주민들은 수백 년 동안 학대받아 왔기에 그들은 경찰이나 사법 제도를 신뢰하기가 어려워.

이제 사회에 경찰이나 변호사, 판사 혹은 교도관이 없다면, 네가 어떻게 할 것인지 생각해 보자. 만약 모든 문제와 갈등을 푸는 일이 너와 네 가족, 그리고 이웃들에게 달려 있다면 어떨까? 넌 어떻게 하면 사회의 평화를 지킬 수 있다고 생각하니?

꽤 최근까지 대부분의 사회에서 그 방법을 알아내는 건 바로 일반인의 몫이었어. 어떤 곳에서는 지금도 여전히 그런 관행을 따르지. 오스트레일리아와 가깝고 거친 산악 지대 섬으로 이뤄진 파푸아뉴기니에서는 많은 사람이 도시와 현대 경찰력과는 거리가 먼 작은 마을에 살아. 강한 정부 체제가 없어서 그들은 수백 년, 심지어는 수천 년 넘게 존재해 온 정의에 대한 전통적 관행을 계속해서 따라.

인류학자*들은 파푸아뉴기니의 마을에서 갈등이 다뤄지는 방식을 연구해 왔어. 그들은 파푸아뉴기니 사람들의 갈등 개념이 전문가들이 갈등을 해결하는 것에 익숙한 다른 나라 사람들과는 꽤 다르다는 사실을 발견했지. 그들의 개념은 세계에서 전통적 정의가 적용되는 일부 지역 사람들의 것과 같았어.

보상이 아니면 복수를!

소규모의 전통 사회는 대개 분쟁을 해결하는 방식이 두 가지야. 모나와 피디 가족의 경우처럼 협상과 보상을 통한 방식과 그것이 실패했을 때 폭력을 사용하는 거지. 모나의 가족은 본인들이 합당하다고 느끼는 보상을 받았어. 만약 그 보상을 받지 못한다면, 그녀의 마을 사람들은 옆 마을로 가서 그 돼지 떼 주인의 소유물을 파괴하거나 훔쳤을 거야. 그러면 옆 마을 사람들도 보복의 필요성

---

*인류학자: 과거와 현재의 인류 문화를 연구하는 사람들.

을 느꼈을 테고, 분쟁은 폭력으로 악화되고 심지어 살인으로까지 이어졌을지도 몰라. 피의 전쟁이 모두의 생명을 위협하며 몇 년 동안 지속될 수도 있었어.

다행스럽게도 파푸아뉴기니 사람들은 분노한 피해자들이 범죄가 저질러진 후 앙갚음하리라는 걸 알아. 그래서 사람들은 폭력이 심해지기 전에 빠르게 분쟁을 해결하려고 열심히 노력하지.

많은 사회가 이런 방식으로 정의를 구현하는 걸 중단한 데에는 정당한 이유가 있어. 일단 전통적 사법 제도는 필연적으로 공정하지 않아. 이런 제도는 힘 있는 자들에게 호의적인 경향이 있거든. 전 세계 많은 사회에서 사람들은 그들의 전통적 제도를 모두에게 공정하게 적용할 방법을 찾아 왔어.

전통적 사법은 소규모 마을이나 정착지에 사는 사람들에게 잘 작용해. 네 주변에 사는 모든 사람을 알고 있다면, 이웃들과 사이 좋게 지내는 게 왜 중요한지 쉽게 알 수 있지. 평화로운 관계를 유지하는 데 많은 노력을 기울이고 약간의 운이 더해진다면, 너희 마을은 다른 마을과 불화에 말려드는 걸 피할 수 있어. 하지만 너희가 도시에 산다면 어떤 일이 벌어질까?

자신의 이웃을 알지 못하는 도시인에게 전통적 사법 제도는 똑같이 작용하지 않아. 하지만 평화를 유지할 방법을 찾는 일은 너무나 많은 사람이 한데 모여 살게 된 도시에서 훨씬 중요해. 역사적으로 세계 각지에서 도시가 성장함에 따라 사람들은 정의를 다르게 구현할 필요가 있다는 사실을 깨달았어. 정의를 시민 개개인에게 맡기는 대신, 도시 지도자들은 정의를 구현하는 데 책임을 다하면서 극심한 불화를 예방하기로 했지. 오늘날 우리는 이를 '국가 사법'이라고 불러. 처음으로 이 제도가 발생했다고 알려진 장소 중 하나는, 지금의 이라크와 가까운 바빌론의 도시국가야.

무시무시한 함무라비 법전

거의 4000년 전, 바빌로니아 통치자인 함무라비는 최초의 법전을 만들었어. 그는 석공들을 시켜 거대한 돌기둥에 법(무려 282조항!)을 새기도록 했지. 그리고 모두가 볼 수 있는 도시의 시장 한가운데 놓았어. 많은 바빌로니아인이 글을 읽지 못했으므로, 대부분의 사람은 무슨 법이 새겨져 있는지 정확히 알지 못했어. 하지만 크고 거대한 검은색 기둥은 매일매일 왕이 법을 만들었으며 범법자를 처벌할 수 있다는 사실을 일깨우는 역할을 하며 시장에 서 있었어.

함무라비 법전 아래에서도 범죄자들은 여전히 피해자들에게 보상금을 주었지. 차이점은 함무라비가 모든 종류의 범죄에 대해 각각의 보상액을 결정해 뒀다는 거야. 그리고 범죄자는 이를 내지 않으면, 함무라비와 그의 군인들을 상대해야 했어. 피해자는 피의 보복을 할 필요가 없어졌지. 벌금을 물지 않으면 처벌은 더 가혹해지기도 했고 말이야. 함무라비 법전의 8조항을 예로 들어 보자.

만약 자유인이 황소나 양, 또는 당나귀나 돼지 혹은 염소 한 마리를 훔쳤다면, 그리고 그것이 신전이나 궁전의 소유물이라면, 그는 30배로 갚아야 한다. 만약 그것이 농노의 소유라면, 그는 10배로 변상한다. 만약 도둑에게 지불 수단이 없다면, 그는 사형에 처한다.

1000년 이상 다른 도시들과 국가들은 자신들의 제도를 함무라비 법전에 근거를 두었지.

모든 죄에 죽음을!

고대 그리스 문명은 맨 처음으로 보상의 사법 제도에서 범법자를 처벌하는 제도로 넘어간 곳 중 하나야. 기원전 7세기까지, 아테네의 가난한 중산층 시민들은 보상 제도가 불공평하다고 주장했지. 부자가 죽임을 당하면 그 사람의 가족들은 엄청난 돈을 받았어. 하지만 가난한 사람이나 노예가 살해되면 그의 가족은 그보다 훨씬 적게 보상받았지. 드라코라는 이름의 지도자는 부자와 가난한 사람에게 똑같이 공평한 법을 제정하기로 약속했어. 그는 전통적 보상 제도를 처벌로 대체하는 방식으로 자신의 말을 지켰어.

드라코의 법은 무시무시했어. 살인에 대한 처벌은 죽음. 과일을 훔친 대가도 죽음. 공공장소에서 잠을 자도 죽음이었어. 법이 아주 가혹해서, 한 그리스 작가는 드라코가 잉크가 아닌 피로 법을 썼다고 불평할 정도였어. 너무나 많은 사람이 사소한 범죄로 처형당했기 때문에 곧 아테네 시민들 사이에는 불만이 극심해졌지. 입법에 대한 이 드라콘 방식(매우 엄격하고 가혹하다는 뜻의 이 단어는 드라코 덕분에 나왔어)이 약 25년간 지속한 후, 다행스럽게도 아테네인들은 새로운 지도자를 선출했어. 솔론이라는 시인이었지. 솔론은 살인과 반역죄를 제외한 모든 죄에서 사형을 폐지하고, 경범죄*에 대해 합리적인 처벌을 설정했어. 이로써 그는 아테네의 법을 안정적이고 평화로운 사회 건설에 이바지할 제도로 바꿨지. 사람들은 너무 감사한 나머지 그들의 새로운 지도자 솔론을 입법자라고 부르기 시작했단다.

수백 년 동안 도시의 흥망성쇠를 따라 중국과 인도, 그리고 로마의 시민들과 지도자들은 범법자를 처벌하고 무고한 자들을 보호하며, 부자뿐 아니라 가난한 이도 지지할 법규를 제정하기 위해 고군분투했어. 하지만 솔론의 개혁 이후 1600년이 지나도록 사법 제도에서 진정한 큰 변화는 나타나지 않았어.

---

*경범죄: 죄의 경중이 낮은 범죄.

살인에 대한 처벌은?
죽음.

과일을 훔친 대가는?
죽음.

공공장소에서 잠을 잤다면?
죽음.

피해 보상을 국가에 하라니?

서기 1066년, 프랑스 북부에 자리한 노르망디 군대가 영국을 침공했고 영국인들은 그 침략에서 패배했어. 오늘날, 우리가 노르만 정복이라고 부르는 이 승리는 영국에 거대한 변화를 가져왔지. 프랑스 군대의 지도자인 정복자 윌리엄은 영어를 단 한마디도 못 했지만, 영국의 새로운 왕이 되었어. 윌리엄 앞에는 큰 과제가 놓여 있었지. 그는 제멋대로인 영국인들의 국가를 다스려야 했고 돈도 약간 모아야 했어. 침략은 1066년에도 돈이 많이 드는 일이었는데 새로운 왕은 현금이 부족했어.

윌리엄은 이내 법률 제도가 영국 국민에게 누가 현재 책임자인지를 상기하는 동시에 그의 금고를 채울 최고의 도구라는 사실을 깨달았지. 그의 지시 아래, 모든 범죄를 '왕의 평화에 대한 위반'으로 정의하는 새로운 법들이 제정되었어. 왕이 된 윌리엄은 평화를 수호하는 데 책임이 있으므로, 누군가가 법을 어기면 윌리엄은 그 범죄의 피해자가 되는 거야. 이는 곧 누군가 네 것을 빼앗아가도, 그들이 너에겐 어떤 보상도 할 필요가 없다는 뜻이야. 대신 그들은 왕에게 벌금을 물었지.

나라를 모든 범죄의 피해자로 만든 것은 현대 형법* 제도의 기

---

*형법: 나라가 범죄를 다루는 기준을 세우는 법.

초가 되었어. 그리고 윌리엄의 새로운 법은 다른 변화도 가져왔지. 왕에게 큰 벌금을 내고 싶지 않았던 부유한 사람들이 법정에서 자신들을 보호해 줄 법률가를 고용하기 시작한 거야. 반대편 법률가들은 왕을 대표했고. 실제 피해자와 범죄자는 재판에서 그 역할이 점점 작아지기 시작했지.

이런 변화들이 하룻밤 새에 일어난 건 아니야. 실제로 수백 년 동안 영국인들은, 특히 시골 지방에서는 작은 분쟁을 해결하는 데 전통적 방식을 고수했어. 가족들과 마을 지도자들이 상해를 입거나 재산상 손해를 입은 자에 따라 무엇을 누구에게 지급할 필요가 있는지를 결정했어. 하지만 점차 영국의 사법 제도는 오늘날의 응보 제도*로 변화되어 갔지. 그로부터 거의 수천 년이 지난 오늘날까지도 전 세계의 현대 형법 제도들은 여전히 윌리엄의 생각을 바탕으로 한단다.

보상에서 처벌로

몇 년 동안 영국의 사법 제도는 다른 방식으로 변했어. 우선 아테네의 드라코처럼 정부는 많은 범죄에 잔인한 처벌을 부과함으로

---

*응보 제도: 범죄자가 자신이 저지른 죄에 상응하는 처벌을 받는 사법 제도로, 응보적 정의라고도 부른다.

써 범죄자들을 좌절시키려고 노력했지. 범죄자들은 채찍질을 당하고 두들겨 맞았으며 칼과 형틀에 갇혔고, 심각한 범죄의 경우 처형당했어. 이 모든 처벌은 광장에서 진행되었으므로, 모두가 감히 법을 어긴 자에게 일어나는 일을 정확하게 볼 수 있었지. 하지만 이런 전략은 평화를 수호하기보다는 오히려 범죄 급증을 불러일으키는 듯 보였어. 16세기, 헨리 8세의 38년 통치 기간 동안 영국에서만 78,000건의 공개 교수형이 행해졌어. 일주일에 거의 40명에 달하는 수였어!

1800년대에 이르자, 일부 사람들은 처형과 가혹한 처벌들이 범죄를 막지 못한다는 사실을 깨닫기 시작했어. 개혁가들은 처벌이 좀 더 인도적이어야 한다고 주장하기 시작했지. 그래서 판사들은 경범죄자를 처형하는 대신, 그들을 감옥으로 더 많이 보내기 시작했어. 처음에는 감옥의 상태가 지독하게 좋지 않아서 징역형과 사형에 큰 차이가 없었어. 재소자들은 기아와 영양실조, 발진티푸스 등으로 죽었지. 발진티푸스는 오염된 물과 불결한 환경에서 번지는 전염병이야.

19세기 초반, 감옥 개혁가들은 정부 측에 감옥을 청소할 것과 더 나은 음식을 제공할 것, 그리고 재소자 학대를 중단할 것을 요구했어. 개혁가들은 만약 재소자들이 감옥에서 살아남을 수 있다면, 그들이 예전에 살던 것보다 더 나은 삶을 살 것을 결심하리라는 희망을 품었거든. 감옥이 잘못된 행동을 한 사람들을 벌주기만

해서는 안 된다는 생각이 점차 자라났어. 그들은 또한 재소자들에게 훈련과 치료를 제공해서 형이 끝났을 때 더는 범죄를 저지르지 않고 갱생*할 수 있도록 노력해야 한다고 했어.

이런 생각이 인기를 얻으면서, 많은 국가의 감옥들이 재소자들이 석방되었을 때 다시 범죄 생활로 돌아가지 않고 재취업할 수 있도록 교육과 훈련, 상담, 치료를 제공하기 시작했어. 하지만 이런 종류의 프로그램들은 운영 비용이 비쌌고, 모두가 이런 방법이 효과적이리라 동의하는 건 아니었어. 범죄는 여전히 일어났어. 그것도 많이. 어떤 사람들은 범죄를 멈출 방법은 법을 더 엄격하게, 그리고 처벌을 더 가혹하게 만드는 것이라 주장했지. 1980년대에 들어서면서, 사법에서 '범죄에 엄격한' 접근법은 미국과 캐나다를 비롯한 많은 나라에서 인기 있었어. '범죄에 엄격한' 방식은 더 많은 사람을 감옥에 보내고, 더 긴 형을 부여하는 것을 의미했지. 심지어 경범죄에 대해서도 말이야. 또한 '범죄에 엄격한' 방식은 교육과 상담, 훈련과 같은 프로그램의 중단을 의미했어.

그 결과 해마다 더 많은 사람이 감옥에 가게 되었어. 대다수는 젊은이였으며, 감옥에 있다는 건 그들이 교육을 마치고 직업 훈련을 받을 기회를 놓친다는 뜻이기도 했지. 그들은 석방될 때 기술이 없었고, 전과 기록 때문에 일자리를 찾기 어려웠어. 이런 상황

---

*갱생: 더 이상 범죄 행위를 저지르지 않도록 범죄자의 행동이나 생활이 향상되는 것.

사법 제도가
우리를 안전하게 지켜 줄까?

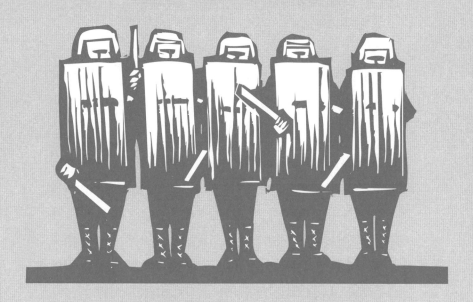

아니면 사실상 우리 공동체를
더 위험하게 만들고 있는 걸까?

은 그들을 다시 범죄로 내몰았고. 이건 오늘날 북아메리카를 비롯해 전 세계 많은 나라에서 벌어지고 있는 상황이야. 감옥에 한 번 다녀온 사람은 끝내 계속해서 다시 감옥에 갈 확률이 커진 거야.

어떤 사람들이 이런 상황을 해결하려고 고민했어. '사법 제도가 우리를 안전하게 지켜 줄까? 아니면 우리 공동체를 더 위험하게 만드는 걸까?'

처벌과 화해 사이

오늘날 범죄와 사법을 연구하는 사람 중에는 전통적 사법 제도를 일부 되돌려야 한다고 믿는 이들이 있어. 그들은 현대의 사법은 효과적이지 않다고 말하지. 누군가 범죄를 저질렀을 때, 그들은 자신들의 공동체에 사는 사람들에게 피해를 줘. 하지만 우리의 현재 사법 제도에서 범죄자들은 자신들이 저지른 피해를 인정할 필요 없이 감옥에 가. 반면에 피해자들의 요구는 법정에서 대부분 무시돼. 그래서 범죄자들과 피해자들을 연구하는 많은 사람이 건설적인 해결책을 찾아 피해자와 범죄자, 그리고 전체 공동체 간의 관계를 바로잡기를 원하게 되었어.

몇몇 사람은 이것이 범죄자들에게 '쉬운 방법'이라고 생각해. 그들은 "처벌은 안 하나?"라고 물어. 하지만 실제로 피해자와 범죄자가 서로의 갈등을 풀기 위해 만나는 건 모두에게, 특히 범죄자에게 매우 어려운 일이야. 피해자는 여전히 몹시 화나 있을 테고, 그런 피해자는 보통 곤란한 질문을 하지. 이후에는 가족과 공동체 구성원이 차례로 질문해. 대개 이런 만남은 눈물과 고함으로 채워지지. 그러고 나면 대부분 범죄자는 피해자와 마주하는 일이 법정에 앉아서 듣기만 하는 것보다 훨씬 힘들고, 심지어 감옥에 가기보다 훨씬 어렵다고 해.

이 방식이 항상 효과적일까? 물론 그렇지는 않아. 피해자들이

참석하기를 원치 않을 때도 있어. 범죄에 대해 너무 위협을 느끼거나 지나치게 트라우마가 있거나, 때로는 자신에게 벌어진 일을 그저 잊고 싶어 하기 때문이야. 어떤 경우에는 범죄자들이 자신들이 한 짓에 책임질 준비가 되어 있지 않을 때도 있어. 하지만 절차가 잘 진행되면, 피해자와 범죄자가 서로를 새롭게 이해하게 되기도 해. 그럴 때 회복적 정의의 만남은 포옹으로 끝나지. 어떨 때는 피해자와 범죄자가 조정 후에도 계속해서 연락을 유지하며, 범죄자들이 삶을 재건하고 법의 테두리에서 문제를 일으키지 않게 노력하도록 피해자들이 그들을 장려하며 지지하기도 해.

이 접근법은 현재 대다수 국가가 범죄를 다루는 방식과는 차이 나는 큰 변화인데, 모두가 좋은 변화라고 동의하지는 않아. 사람들 중 일부는 여전히 엄격한 법과 가혹한 처벌이 범죄 예방에 필요하다고 생각하니까. 엄한 처벌을 효과적이라고 생각하는 나라로는 '싱가포르'가 있어.

정의까지 한걸음 더
보상도 처벌도 공정하게

사람들에게 타고난 정의감이 있을까? 일부 심리학자들은 그렇다고 생각해. 네가 유명한 연구 실험에 참여했다고 가정해 보자.

방으로 들여보내진 넌 단순한 과제를 수행하도록 지시받아. 수건 몇 장을 개거나 몇 개의 파일을 알파벳순으로 놓는 과제지. 연구자들은 다른 방에서 같은 과제를 수행하는 파트너와 널 경쟁시키고 있으며, 두 사람 모두 나중에 보수를 받을 거라고 말해. 하지만 실제로는 어떠한 파트너도 없어. 그건 연구자들이 지어낸 상황일 뿐이지. 네가 과제를 끝냈을 때, 그들은 네 파트너가 먼저 끝마쳤으므로 그에게 3달러를 줬다고 말해. 하지만 걱정하지 않아도 돼. 네 파트너는 너와 그 돈을 나눠야만 하니까. 그는 돈을 분배하는 세 가지 방식 중 하나를 선택할 수 있어. 너는 1달러나 1.5달러 혹은 2달러를 받을 수 있지. 연구자들은 파트너가 너와 나누기로 선택했다고 가정되는 액수를 건네준 후, 네가 떠나기 전 마지막 질문 하나를 던져. '당신이 받은 액수에 대해 어떻게 느끼나요?'

이 실험에 참여한 사람들은 가상의 파트너가 보수의 정확히 반액인 1.5달러를 주었을 때 가장 만족해했어. 그들은 겨우 1달러만 받았을 때는 화가 나고 속았다는 기분을 느꼈지. 하지만 파트너가 2달러를 주었을 때도 역시 만족하지 않았어. 그들이 느끼기에 합당한 금액보다 더 주었으니까. 돈의 액수가 매우 적다는 사실은 문제가 되지 않았어. 연구의 피실험자들은 공정한 것을 원했던 거야.

우리가 범죄와 정의를 생각하는 방식에도 같은 원칙이 적용돼. 대부분 사람은 처벌이 공정하기를 바라. 범죄에 대한 책임보다 더하지 않되, 정의가 행해졌다고 느끼기에 충분할 만큼이면 되는 거야.

처벌의 본보기가 되는 태형

1994년 5월 5일, 열여덟 살의 마이클 페이는 최근 100여 년 사이에 범죄에 대한 처벌로 태형*을 받은 첫 미국 시민이 되었어. 마이클이 경찰에 붙잡혔을 당시, 그는 어머니와 의붓아버지와 함께 동남아시아에서 가장 북적이는 도시국가인 싱가포르에 살고 있었어. 싱가포르는 안전하고 깨끗한 도시로 유명하며, 공공 기물 파손과 공공 및 사적 재산 훼손과 관련하여 매우 엄격한 법이 시행되고 있어. 여기에는 껌 씹는 것을 금지하는 법까지 있지.

마이클은 이 법에 대해 알고 있었지만, 그와 그의 친구들이 싱가포르 시내에 주차된 자동차들에 페인트를 뿌리고 교통 표지판을 훔치며 자동차 타이어를 찢는 탈선을 저지른 그날 밤에는 법에 대해 생각하지 않았어. 경찰이 마이클의 집에 찾아와 문을 두드리고 공공 기물 파손 행위에 그가 가담했는지를 질문하던 순간까지도 그는 얼마나 심각한 일인지 깨닫지 못했지. 하지만 머지않아 그 심각성을 깨달을 수밖에 없게 되었어.

몇 달 후, 싱가포르의 판사는 마이클이 스프레이 페인트로 두 대의 자동차를 파손한 것에 유죄가 인정된다고 판정했어. 그는 이 범죄의 대가로 징역 4개월과 2230달러(약 250만 원)의 벌금, 그리

---

*태형: 엉덩이 때리기나 채찍질, 또는 매질처럼 몸에 가해지는 형벌.

고 대나무 회초리로 채찍질 여섯 번의 태형을 선고받았어. 미디어의 흥미를 끈 건 바로 이 채찍질이었어. 마이클은 곧바로 전 세계 톱뉴스가 되어 화젯거리가 되었지. 태형을 받게 된 통제 불능의 미국 십 대. 이 사건을 둘러싼 논란은 엄청나서 당시의 미국 대통령 빌 클린턴은 싱가포르 정부에 감형을 요청할 정도였고, 결국 마이클은 수감 생활과 약간 낮아진 벌금에 더해 단 네 대의 태형만 견디면 되었어.

마이클이 태형실에 들어서자 의사 한 명과 교도소 소장, 두 명의 교도관이 그를 기다리고 있었어. 의사는 마이클이 처벌을 받기에 적당한지 확인하기 위해 그를 검사했고, 나무형틀에서 그의 다리와 손에 족쇄가 채워지는 걸 지켜봤어. 한 교관이 긴 대나무 회초리를 가져와서 어깨높이까지 들어 올렸다가 그대로 마이클의 엉덩이에 세게 내리쳤지. 한 번, 두 번, 세 번, 그리고 네 번.

그 후 의사가 와서 피를 닦아 내고 상처를 소독했어. 보호관들은 마이클이 절뚝거리며 그의 감방으로 돌아가는 걸 도왔지. 형벌을 시행하는 덴 1분도 걸리지 않았지만, 태형의 상처는 평생 지워지지 않을 수도 있어.

마이클이 소리를 질렀을까? 몸부림쳤을까? 울었을까? 자비를 구했을까? 싱가포르의 퀸스타운 소년범 구치소는 이 십 대 소년이 자신이 받은 형벌에 어떻게 반응했는지 말하지 않았어. 태형을 받는 일부 죄수들은 고통 때문에 기절하기도 해. 태형을 받은 사람이

라면 누구든 절대로 그 경험을 잊을 수 없으리라고 말한다고 해도
과언이 아니야. 하지만 이 방식이 그들을 바꿨을까? 태형실에서 몇
분을 보낸 후 마이클에게 벌어진 일을 살펴보자.

다음날 마이클은 변호사를 만났어. 교도소 문밖에서 기다리던
기자들은 마이클의 부모가 자리를 떠날 때 중요한 질문을 하나 던
졌어. "마이클이 앉을 수 있나?" 대답은 그렇다였어. 마이클의 상
처는 이미 치료되었지. 하지만 그 형벌이 그가 계속해서 법을 어기
는 것을 막지는 못했어. 얼마 지나지 않아, 마이클은 싱가포르를
떠나 미국으로 돌아갔어. 그리고 단 2년 만에 그는 다시 범죄에 휘

말렸지. 1996년 플로리다 경찰은 마이클을 체포했어. 추돌 사고는 아니지만 난폭 운전과 자동차에 뚜껑이 열린 술병을 갖고 탄 죄로 그를 기소했어. 그로부터 2년 후, 그는 다시 체포되었어. 이번에는 마리화나 소지 혐의였지.

태형으로 범죄를 줄일 수 있을까?

마이클 페이 사건은 많은 시선을 끌었는데, 범죄자들에게 태형 같은 물리적 처벌이 더 이상 사용되지 않는 나라에서 특히 더 그랬어. 북아메리카와 유럽, 오스트레일리아를 비롯한 세계 각지의 많은 사람에게 이는 충격이었어. 싱가포르 같은 현대의 대도시에서 범죄자들이 여전히 이런 방식으로 처벌받는다는 사실이 말이야. 많은 사람이 벽면 낙서에 대한 벌로 태형은 지나친 처벌이라고 생각했어.

물론 모두가 마이클의 태형에 반대한 건 아니야. 실제로 신문사에는 싱가포르의 결정을 지지하고 미국 도시에서 자행되는 낙서와 공공 기물 파손, 그리고 여러 범죄에 대해 항의하는 사람의 편지가 넘쳐 났어.

범죄 수사부터 처벌까지

채찍질을 선고받는 건 마치 역사책에서나 나올 법한 처벌처럼 느껴져. 그렇다면 싱가포르의 사법 제도가 구태의연하고 구식이라는 뜻일까?

꼭 그런 건 아니야. 사실 태형 외에 마이클이 싱가포르 사법 제도에서 겪은 경험은 미국에서 그가 겪었을 방식과 별로 다르지 않아. 오늘날 사법 제도는 세계의 많은 국가가 비슷한 방식을 갖추고 있거든. 네가 파리에 있든 피츠버그나 프리토리아에 있든, 범죄를 저지르면 체포되고, 무죄인지 유죄인지를 판가름하는 과정은 다음과 같은 식으로 진행될 거야.

어느 날 밤, 네가 마이클처럼 한 무리의 친구들과 함께 밖으로 나갔다고 상상해 보자. 처음에는 그저 어울려 놀았지만, 어느샌가 한 친구 녀석이 배낭에서 스프레이 몇 통을 꺼내는 거야. 곧 모두가 스프레이를 들고 자동차와 벽, 그리고 간판에 낙서하기 시작해. 이웃 중 한 명이 경찰을 불렀고, 사이렌 소리가 들리자 너와 친구들은 흩어져서 집으로 도망쳤어.

경찰은 사건 현장에 도착하자마자 수사를 시작해. 목격자*를 수소문하고 증거(빈 페인트 통, 떨어진 배낭, 네가 급히 현장을 벗어나

---

*목격자: 어떤 일을 직접 본 사람. 법정에서 범죄에 관한 정보를 진술하기 위해 양 당사자들에 의해 소환된 사람.

면서 떨어뜨린 야구모자)를 모아. 오래지 않아, 그들은 용의자를 찾아내고 곧바로 너희 집 초인종을 눌러. 곧 너는 공공 기물 파손죄로 체포되고.

그다음에 사건은 검사*에게 넘겨져. 정부 측 변호사인 검사의 일은 너와 친구들이 유죄이며 처벌을 받기에 합당하다는 점을 법정에서 증명하는 거야. 검사는 너에게 불리한 강력한 논거를 확보하기 위해 경찰이 수집해 온 증거*를 조사해. 검사가 충분한 증거가 있다고 느낀다면, 네 사건은 법정으로 가게 되지. 아직 변호사를 선임하지 않았다면 이제 네 변호사를 구하는 편이 좋아. 만약 변호사 수임료를 낼 수 없다면 일부 국가에서 운영되는 변호사를 임명해 주는 법률 구조 제도를 신청하면 돼. 하지만 이 방식은 많은 사람이 현재의 제도가 부당하다고 느끼는 이유 중 하나야. 부유한 사람들은 자신만의 변호사를 고용할 수 있지만, 가난한 사람들은 격무에 시달리는 국선 변호인*에게 의존해야만 하거든.

네 이야기를 듣고 증거를 살펴본 변호사는 기소 건에 대해 유죄나 무죄라고 답변*하길 추천할 거야. 네가 어떤 답변서를 제출하

---

*검사: 범죄를 수사하고 공소를 제기하며 재판을 집행하는 법조인.

*증거: 재판 과정에서 판사나 배심원을 설득하기 위해 제시되는 정보.

*국선 변호인: 가난 등의 이유로 변호사를 선임할 수 없는 사람이 범죄로 기소되면, 법원이 선임하여 붙이는 변호인.

*답변: 법정에서 피고인에게 범죄에 대해 스스로가 '유죄'인지 '무죄'를 질문했을 때, 그가 내놓는 진술.

부유한 사람들은
자신만의 변호사를 고용할 수 있는 반면,

가난한 사람들은
격무에 시달리는 국선 변호인에게
의존해야만 한다.

든, 변호사는 네가 망가뜨린 자동차 소유자에 대해서는 말하지 않고, 네가 한 일에 대해서도 죄송하다고 말하지 않는 것을 추천할 거야. 그건 변호사의 임무가 가능한 한 네가 가장 낮은 형을 받도록 하는 것이기 때문이지. 네가 유죄를 인정하더라도, 변호사는 네가 가혹한 처벌을 받지 않아야 한다고 주장할 거야.

일단 사건이 법정으로 가면, 네가 앉아서 조용히 듣는 동안 변호사와 검사가 사건을 두고 논쟁을 벌일 거야. 법을 어겼는가? 누가 사건을 벌였는지 증명할 수 있는가? 때때로 네가 한 증언*을 확인하기 위해 소환될 수 있어. 네가 유죄임을 밝히려는 검찰 측 대리인이 던지는 어려운 질문들에도 답해야 하지. 판사는 양쪽의 주장을 듣고 증거를 검토하는데, 일부 사건의 경우 배심원단이 그 일을 해.

마침내 판사나 배심원단이 네 운명을 결정하는 순간이 와. 넌 무죄일까 유죄일까? 자유롭게 걸어 나올까, 아니면 소년원에서 시간을 보내거나 보호 감찰을 받게 될까? 네 미래가 그 결정에 달렸어!

이 절차는 각 나라의 법과 그것이 적용되는 방식에 따라 차이가 있어. 하지만 세계 대부분 지역에서 정의가 행해지고 범죄자가 마땅한 대가를 치르게 하는 데에는 경찰과 변호사, 검사, 그리고 판

---

*증언: 범죄에 관한 정보를 법정에서 진술하는 것.

사 모두가 중요한 역할을 하지.

하지만 현대 형사 재판에 대한 이런 묘사에는 무언가 빠진 게 있어. 무엇인지 찾을 수 있겠니?

피해자는 어디로 갔을까?

넌 재판이 진행되는 동안 앉아서 변호사와 검사의 설전과 목격자들의 증언, 판사나 배심원단의 결정을 들었어. 그리고 법정에는 너만큼이나 그것을 힘겹게 듣고 있었을 다른 누군가가 있을 거야. 바로 피해자야. 범죄자인 넌, 네게 일어나는 일에 대한 발언권이 없었어. 피해자 역시 마찬가지야.

신문에서 누군가 감옥에 보내졌다는 소식을 읽으면 우리는 아마 "정의가 이루어졌다"고 말할 거야. 하지만 정말로 그럴까? 우리 법정이 일반적으로 유죄나 무죄 결정을 잘할지라도, 그것이 모두에게 정의가 집행된다는 뜻은 아니야. 때때로 범죄 피해자들은 다시 한번 권리를 강탈당한 느낌을 받으며 법정을 떠나. 자신들이 어떤 기분인지를 범죄자들에게 말할 기회를 뺏긴 기분 말이야.

폭력과 범죄로 내몰리지 않게 하려면

TV 드라마 경찰관의 삶은 흥미진진하면서도 위험해 보여. 그들은 겨우 한 시간도 안 되는 시간 동안 심각한 범죄를 수사하고 단서를 물색해 악당들을 뒤쫓아 체포하거든. 실제 생활에서 경찰관들은 그보다 훨씬 적게 범인을 검거해. 북아메리카 경관들의 평균 체포 수는 일주일에 한 번꼴이야. 실제로 뉴욕의 어떤 연구자들은 범죄율이 오늘날보다 훨씬 높았던 1980년대에 경찰관들의 40퍼센트가 일 년에 단 한 건의 중죄도 검거하지 못했다는 걸 발견했어. 중죄는 경범죄나 사소한 위법 행위와는 대조되는 심각한 범죄를 말해.

경찰관들은 우리 공동체를 안전하게 지키는 데 중요한 역할을 하지만, 살인범이나 강도를 매일매일 체포하지는 않아. 우리가 잘못 생각하는 건 또 무엇이 있을까? 사법 제도가 모두를 동등하게 대우한다는 생각은 어때? 미국과 캐나다, 오스트레일리아를 포함한 세계의 수많은 지역에서 네가 가난하고 어리며 백인이 아니라면 경찰들에게 잡힐 가능성이 아주 커. 흑인이나 오스트레일리아 원주민에게 유죄가 인정되면, 그들은 같은 범죄로 기소된 백인보다 더 무거운 형량을 받는 경향이 있어.

영국과 미국의 수많은 연구는 흑인이 경찰에게 검문받을 확률이 훨씬 높으며 다른 인종보다 체포될 가능성도 더 크다는 사실을 보여 줘. 미국에 사는 흑인 세 명 중 한 명이 감옥에 가. 고등학교를 졸업하지 못한 흑인 십 대는 직장을 얻기보다 감옥 갈 확률이 더 높지. 이런 상황은 미국의 히스패닉 가족에게도 나을 게 없어. 미국에서는 히스패닉 여섯 명 중 한 명이 감옥에 가. 백인이 마주하는 현실은 이와는 매우 달라. 그들은 스물세 명 중 겨우 한 명만 감옥에 가지.

캐나다와 오스트레일리아, 뉴질랜드에서 원주민들의 복역 기간은 미국의 흑인에 대한 통계만큼이나 충격적이야. 캐나다의 젊은 아메리카 원주민은 백인보다 열 배 이상 자주 감옥에 갇혀. 오스트레일리아에서는 원주민 일곱 명당 한 명이 철장 뒤에서 시간을 보내지. 뉴질랜드에서는 수감자의 절반이 마오리족이야. 그들이 전체 인구의 겨우 15퍼센트만을 구성하고 있을 뿐이지만 말이야.

미국에서

흑인 3명 중
1명이 감옥에 간다

히스패닉 6명 중
1명이 감옥에 간다

백인 23명 중
1명이 감옥에 간다
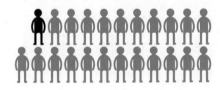

왜 특정 집단이 다른 집단보다 더 많이 체포되는 걸까? 그에 대한 답은 매우 복잡해. 관련된 사안 중 인종, 가난, 교육, 그리고 집단 관계의 역사 등은 문제의 일부에 지나지 않아.

회복적 정의가 인종 불평등과 현재 사법 제도의 여러 문제를 해결할 수 있을까? 회복적 정의 재판 동안 범죄자들은 "왜 그런 일을 했나?" 혹은 "그런 일을 했을 때 기분이 어땠는가?"와 같은 어려운 질문에 답해야만 해. 모든 사람은 이런 질문을 통해 사람이 폭력과 범죄로 내몰리는 상황을 더 깊게 들여다보게 되지. 가난과 인종주의, 그리고 불평등 같은 상황을 말이야. 때때로 회복적 정의의 만남은 공동체 일원이 이웃과 도시, 더 나아가 나라 안에서 변화를 만들어 나가는 과정을 통해 범죄가 시작되기 전 멈추게 할 수 있다는 걸 이해하게 돼.

회복적 정의가 시작되다

만약 마이클 페이가 1994년이 아니라 2014년에 그 범죄를 저질렀다면, 그가 태형을 받았을까? 아마 그렇지 않을 거야.

2001년, 싱가포르는 청소년 범죄에 새로운 방식을 도입하기로 했어. 현재 싱가포르에서는 때에 따라 청소년이 법적으로 문제를 일으키면 가족회의가 소집돼. 만약 범죄자가 유죄를 인정하고 자신이 한 일을 책임질 준비가 되었으면, 가족회의 조정자는 범죄자와 피해자 간의 만남을 준비해. 그들은 그 청소년이 피해자에게 보상하고 공동체에 변상할 계획을 생각해 내지.

법정에는 여전히 일반적인 재판이 있지만, 판사는 판결*을 내리기에 앞서 가족회의에서 나온 계획을 읽어 봐. 그리고 판사가 계획에 만족하면 그 계획 자체가 판결돼. 판사는 또한 해당 청소년에게 상담이나 보호 관찰*, 통행금지 같은 추가적인 조치를 명령할 수 있어. 징역과 태형도 여전히 가능하고. 하지만 싱가포르인들은 청소년들이 회복적 정의 제도에 참여할 때 또 다른 범죄를 저지를 가능성이 작아진다는 걸 발견했어. 실제로 2000년대 초반에 싱가포르가 가족회의 제도를 시작한 이래 범죄율이 꾸준히 감소해서, 2014년 싱가포르의 범죄율은 근 30년 중 가장 낮았어.

---

*판결: 법정에서 범죄로 기소된 범죄자에게 내려지는 처벌.
*보호 관찰: 범죄자가 관리 감독받으면서, 특정 조건을 반드시 지켜야만 하는 상황.

'법'이란 낱말에는 어떤 뜻이 담겨 있을까?

너에게 '법'과 '정의' 같은 단어는 어떤 의미니? 이런 개념을 네가 문화적으로 어떻게 이해하는가는 그것들을 바라보는 한 가지 방식인데, 다른 문화에서는 매우 다른 의미가 있다는 사실을 지나치기가 쉬워.

캐나다 동부와 미국에 사는 모호크족 언어인 카니엔케하(Kanien'keha)에는 법을 뜻하는 단어가 없어. 법과 가장 비슷하게 번역되는 단어는 실제로 '함께 가장 잘 사는 방법'이라는 뜻이야.

북아메리카와 오스트레일리아, 뉴질랜드에서 원주민의 사법 제도는 범죄나 폭력으로 손상된 관계를 치유하는 걸 강조하지. 이런 전통은 오늘날 회복적 정의의 발달에 커다란 영향을 미쳤어.

2

청소년들이 시작한 회복적 정의

형벌 대신 평화로운 사법을 사용하는 법을 배우기 위해 로스쿨이나 경찰대에 들어갈 필요는 없어. 아이들은 집단 따돌림을 방지하고 그들의 학교와 공동체를 더 안전하게 만들기 위해 이 방식을 사용하고 있어.

온라인 괴롭힘의 해결 방법_런던

샌디의 어머니가 문 안에서 고개를 내밀고 말했다.

"5분 안에 저녁 식사가 준비된단다. 들어와서 식탁 준비를 해 주겠니?"

열세 살 샌디는 자기 접시에 놓인 음식을 깨작거리며 저녁을 먹는 내내 조용했다. 어머니가 접시를 치우려고 일어나자, 샌디는 숨을 깊이 들이마셨다. "엄마, 내가 어떤 것 좀 보여드려도 될까요? 저는 어떻게 해야 할지 모르겠어요." 그녀는 뒷주머니에서 핸드폰을 꺼냈다.

몇 시간이 지나도록 샌디와 그녀의 어머니는 지난 몇 주간 소셜미디어의 포스트와 트윗, 그리고 문자들을 스크롤하며 계속해서 식탁에 앉아 있었다. "너는 실패자야.", "모두가 너를 싫어해.",

"뒤를 조심해, 멍청아. 우리가 가만두지 않을 거야." 샌디는 이 모든 것 뒤에 누가 있는지 알고 있었다. 그녀의 단짝이었던 두 친구였다.

샌디의 어머니는 그 소녀들을 경찰에게 알리든지, 아니면 최소한 그 부모에게 전화라도 하고 싶었다. 샌디는 울면서 그러지 말아 달라고 간청했다. "엄마, 제발 그냥 전학만 시켜 주세요."라며 애원했다. 결국 그들은 이 괴롭힘을 샌디가 다니는 학교의 지도 교사에게 말하기로 의견을 모았다.

지도 교사는 한 가지 제안을 했다. 소녀들을 한데 모아놓고 문제에 대해 서로 이야기를 나누고 해결책을 찾아 나가는 것이었다.

조정자가 중재 회의를 위한 몇 가지 기본 규칙을 정한 다음, 회의가 시작되었다. "아이린, 이 일이 어떻게 시작되었는지 우리에게 말해 줄 수 있겠니?" 아이린은 모든 걸 촉발한 오해와 자신과 크리스탈이 한때 단짝이었던 친구에게 복수할 결심을 하게 된 이유를 설명하기 시작했다.

조정자가 크리스탈 쪽을 돌아봤다. "이번에 벌어진 일이 샌디에게 어떤 영향을 미쳤다고 생각하니?"

크리스탈은 깜짝 놀란 듯 보였다. "아마 우리에게 화났을 거같은데요? 어쩌면 처음부터 우리랑 친구가 아니었기를 바랄지도모르죠."

조정자는 다시 샌디를 향해 몸을 돌려 앉았다. "샌디, 이제 네

차례다. 이번에 벌어진 일에 대해 어떤 느낌인지 우리에게 말해 주겠니? 너에게 가장 힘든 부분은 무엇이었니?"

"최악은요." 그녀가 말했다. "핸드폰을 켤 때마다 그들이 다 끝 났다는 문자를 보내 주기를 바랐다는 점이에요." 하지만 거기엔 좀 더 증오감에 찬 포스트들뿐이었다. 샌디는 자살까지 생각했다 고 고백했다.

샌디는 자신의 차례가 끝났을 때, 크리스탈과 아이린 둘 다 울 고 있음을 알아챘다. "일을 이렇게까지 만들 의도는 절대로 없었 어요." 그들이 말했다. 곧 참석자 모두는 크리스탈과 아이린이 샌 디에 대해 퍼뜨린 거짓말들을 바로잡는 글을 소셜미디어에 올리 는 일에 동의했다.

왜 왕따를 시킬까?

가해자가 널 직접 괴롭히든 소셜미디어를 사용하든 그건 끔찍 한 경험일 거야. 어떤 아이들은 집단 따돌림으로 너무 고통받은 나 머지 그 상황을 탈출하고자 자살하기도 하니까. 전 세계 학교에서 학부모와 교사, 그리고 아이들이 집단 따돌림에 종지부를 찍고자 노력하고 있어.

과학자들은 집단 따돌림의 심리학에 관한 많은 연구를 통해 때때로 가해자들이 자신들의 행동이 타인에게 어떤 영향을 미치는지를 완전히 이해하지 못한다는 사실을 깨달았어. 피해자들이 얼마나 화나고 겁먹었으며 외로워하는지를 가해자에게 직접 듣게 하는 건, 그들이 다시 집단 괴롭힘을 저지르지 않도록 예방하는 데 도움이 되니까. 그런데 아이들은 무엇 때문에 집단 따돌림을 하는 걸까?

침팬지가 가르쳐 준 평화로운 갈등 해결

1970년대, 영장류 동물학자*인 프란스 B. M 드 발은 네덜란드의 로열 버거스 동물원에서 우리에 갇힌 침팬지 군락을 연구하면서 6년을 보냈어. 그는 무리 안에서 지도자가 되려는 침팬지들이 공격성을 발휘하는지를 밝히는 데 관심이 있었지. 그는 침팬지 군락에서 싸움이 벌어질 때마다 세심한 주의를 기울였고, 싸움 후에 어떤 일이 일어나는지를 주의 깊게 파악했어. 승자는 군락 안에서 좀 더 강해졌을까? 그 후 다른 침팬지들이 패자를 따돌렸을까?

영장류 동물학자들은 영장류가 행동하는 방식에서 우리 인간 사회와의 관련성을 찾아. 그들은 인간 행동의 특정 유형이 진화적

---

*영장류 동물학자: 침팬지, 오랑우탄 등과 같은 인간 외에 영장류를 연구하는 과학자.

기원에 뿌리를 두고 있지는 않은지 이해하려고 노력하지. 드 발이 연구를 시작한 시기에는 영장류 가운데 가장 공격적인 수컷이 우두머리라는 이론이 우세했어. 이는 '킬러 유인원' 이론으로 알려졌는데, 인간이 다른 인간을 해치는 이유를 설명해. 킬러 유인원 이론에 따르면 폭력적인 영장류가 더 성공적이야. 그들은 더 오래 살고 더 많이 먹으며 더 많은 자녀를 낳아. 폭력이 생존 전략으로 진화했으며 인간들은 여전히 이 전략을 따르고 있다고 이론은 말해.

만약 킬러 유인원 이론이 맞는다면, 인간들은 태어날 때부터 폭력적이게 프로그램되었다는 뜻일까? 사실 드 발이 동물원 우리 속 침팬지들을 더 오래 관찰할수록 깨달은 점은, 침팬지 사회에서 가장 중요한 특징이 협동이라는 거였어. 침팬지들은 인간처럼 큰 무리 내에서 생활하는 사회적 동물이야. 그들이 서로 협력함으로써 그들 군락은 성공적으로 운영되고, 모두의 생존도 보장할 수 있었어.

어느 날, 드 발은 두 침팬지 사이에 벌어진 맹렬한 싸움을 목격했어. 우성적인 수컷이 무리 내 구성원 중 자기보다 덩치가 작은 암컷을 공격한 거야. 다른 침팬지들이 그녀를 방어하기 위해 모여들었어. 얼마 지나지 않아, 무리 안은 절규가 터져 나오고 혼란스러워졌어. 그날 남은 시간 동안 군락 전체는 어수선해 보였어. 그리고 아주 놀랍게도, 싸움 중이던 두 침팬지가 갑자기 두 팔로 서로를 감싸 안았어. 다른 침팬지들은 불화가 안정된 것을 축하하듯 폭소하는 소리를 터트렸고. 그 후, 군락 생활은 정상으로 돌아갔지.

다음 몇 년 동안, 드 발은 이런 '화해'*를 수백 번 기록하면서 침팬지들 사이에 같은 상황이 반복해서 발생하는 것을 지켜봤어. 침팬지들은 서로 싸울 때도 있지만 매번 화해했어. 그리고 그들 스스로 화해하지 못할 때면, 다른 침팬지들이 조정자 역할을 하며 화해할 수 있게 도왔지. 조정자들은 대부분 싸움을 일으킨 침팬지의 가족 구성원으로 그를 과거의 적에게 데려가기에 앞서 안아 주고 털 손질을 해 주었어. 그리고 조정자들은 싸운 두 침팬지가 안정될 때까지 그들과 함께 머물렀어.

드 발이 문서로 만든 영장류 친척들이 갈등을 해결하는 과정은, 화해가 인간으로 진화하기 전부터 우리에게 내재한 유전적 유산의 일부라는 사실을 보여 줘.

드 발의 이론들은 영장류와 인간에 관한 많은 사람의 생각을 바꿨어. 하지만 한 가지 큰 질문을 우리에게 남기기도 했지. 갈등해결이 침팬지들에게 그렇게 쉬운데, 왜 인간은 아직도 이렇게 어려운 걸까?

---

*화해: 갈등이 있고 난 뒤, 평화로운 관계를 회복하기 위해 사람들이나 그룹들을 결합하게 하는 것.

킬러 유인원 이론에 따르면,

폭력은 생존 전략으로 진화했다.

이 말은,
인간은 태어날 때부터 **폭력적**으로
프로그램되었다는 의미일까?

우리는 왜 갈등하는 것일까?

우리가 킬러 유인원은 아닐지 몰라도, 모두와 잘 지내도록 만들어진 것도 아니야. 우리는 저마다 세계에 관한 자신만의 생각과 의견, 그리고 독특한 관점을 가지고 있지. 이런 차이 자체가 갈등을 유발하기에 충분해. 여기에 덧붙여 가족과 양육 환경, 문화, 정치 체계, 그리고 종교적 차이까지 생각하면 어느 누군가가 어떤 것에 동의할 수 있다는 사실이 기적처럼 보일 정도야!

심지어 가족과 친구들 사이에서도 불일치는 일반적이야. 실제로 한 연구는 십 대가 평균적으로 매일 여덟 번의 갈등을 겪는다고 보고했어. 가장 빈번한 불화는 청소년과 부모 사이, 또는 청소년과 그들의 단짝 친구나 형제자매 사이에서 나타났지.

갈등을 긍정적인 것으로 바꾸기란 불가능한 목표처럼 보이지만, 가능한 일이야. 네덜란드의 로열 버거스 동물원으로 다시 돌아가 보면, 드 발은 침팬지들이 싸우고 난 후 이전보다 서로 더 많은 시간을 가까이에서 보낸다는 사실을 알아챘어. 하지만 그는 단순히 그들이 최근에 싸웠기 때문에 자신이 더 많은 주의를 기울인 건 아닌지 궁금했어. 그래서 그는 무리를 촬영하기 시작했지. 그는 싸움 전후 몇 주 동안의 촬영물을 신중하게 되감아 보았어. 싸움이 일어나기 전 두 침팬지가 유지한 거리를 측정하고, 그것을 싸움 후 며칠 동안의 거리와 비교했지. 이 데이터는 그가 옳았다는 걸 증명했어. 싸우고 난 뒤 화해한 침팬지들은 실제로 서로 더 가까이 머물렀어. 그들의 관계가 좋아진 거야.

공감으로 갈등 끝내기

인간 사회에서 갈등을 해결하는 한 가지 열쇠는 공감, 즉 타인의 기분을 그들의 입장에서 이해하는 능력이야. 네가 친구와 함께 걷다가 갑자기 친구가 발이 걸려 넘어지는 바람에 무릎이 까졌다고 상상해 보자. "어머!" 넌 마치 사고를 당한 사람이 너인 양 소리를 지를 거야.

넌 공감 어린 반응을 한 것이고, 이는 거의 모든 사람이 다친 사람들을 볼 때 반응하는 방식이야. 이는 우리가 실제로 다른 누군가의 고통을 느낄 수 있는 것과 거의 비슷해. 대부분 사람에게 공감은 반사적이지만, 사실 이건 꽤 복잡한 반응이기도 해. 이것이 작용하는 방식을 설명하기 위해 드 발은 러시아 인형 모델이라는 이론을 개발했어.

러시아 인형을 떠올려 보자. 인형을 해체하면 안에 더 작은 인형들이 들어 있는 인형이야. 러시아 인형은 세 개의 층을 가졌어. 하나는 바깥 표면의 인형이고, 그 안으로 더 작은 인형, 그리고 다시 그 안에 더 작은 인형이 있어. 가장 작은 인형은 우리에게 공감의 가장 깊고 원초적인 층이며, 우리는 이를 거의 모든 포유류와 공유해. 이것이 바로 우리가 다치거나 속상한 누군가를 볼 때, 그에 빠르게 반응하게 하지. 생각하지 않아도 우리는 다른 사람의 기분이 어떨지를 분명히 알아.

중간 단계의 인형은 누군가의 기분이 어떨지를 생각해 보기 시작하는 층이야. 이는 좀 더 복잡한 반응이며, 이 지점에서 우리는 적극적으로 상대방이 어떤 기분일지 이해하려고 노력해('아마 무릎이 정말로 쓰릴 거야!'). 가장 큰 인형 층에서, 우리는 상대방을 위한 행동을 시작해. 우리는 그들의 시각으로 그들에게 필요한 것과 우리가 도울 방법을 짐작할 수 있지('친구가 상처를 씻어 낼 수 있도록 집에 데려다 줘야겠어.').

네가 누군가와 다투고 있을 때, 상대에게 공감하는 건 어려울 수 있어. 타인의 관점을 인정하는 건 '옳은 것'을 놓는다는 의미야. 넌 네가 틀렸다거나 상대방에게 상처 입혔다는 사실을 깨닫게 될지도 몰라. 이것이 바로 전통적 사법 제도를 따르는 다수의 공동체에서 누군가 해를 입은 후 제3자가 협상을 돕기 위해 개입하는 이유지.

아이들은 보통 갈등의 해결책을 알아내는데 관여하지 않아. 일반적으로 더 작고 전통적인 사회일수록 사람들은 그들의 분쟁을 마을의 연장자에게 맡겨. 연장자들은 큰 존경을 받고 영향력이 있어서 모두가 그들의 결정에 동의하도록 설득할 수 있지. 경찰과 법정이 범죄를 처리하는 국가의 사법 제도 안에도 아이들을 위한 역

가장 작은 인형은
우리에게 있어
공감의 가장 깊고
가장 원초적인 층이며,

우리는 이를 거의 모든 포유류와 공유한다.

할은 없어.

아이들 사이에서 갈등이 일어났을 때조차도, 상황을 해결하는 건 대개 어른이야. 학교에서 아이들이 싸울 때, 선생님과 교장 선생님은 사건에 개입해서 책임을 지고, 방과 후 지도나 정학 같은 처벌을 내리지. 그리고 아이들이 지나치게 자주 문제를 일으키면 퇴학 조치까지 해. 하지만 일부 선생님이 이런 방식에 의문을 가지기 시작했어. "이런 방식으로 어떻게 청소년들이 성인이 되어 갈등해결에 책임을 지도록 준비시킬 수 있겠는가?"

이제 많은 사람이 공감은 근육과 같다고 믿어. 네가 더 많이 사용할수록 더 강해진다고 말이야. 전 세계의 더 많은 학교에서 아이들이 본능적 공감을 사용해 타인의 이야기를 듣고 싸움을 멈추며 평화로운 해결책을 찾는 방법을 배워. 실제로 다섯 살 정도의 어린 아이도 도움을 요청하지 않고도 불일치를 해결하기 위해 서로 도울 수 있어.

학교가 교사의 처벌을 사용해 문제를 해결하는 일반적 징벌에서 "네가 나쁜 일을 했으니, 상황을 나아지게 할 방법을 찾아보자"고 말하는 방법으로 바꾸자, 아이들이 자기 자신뿐 아니라 그들이 상처 준 사람들을 이해하도록 도울 수 있었어.

공감 세포는 뇌에서 자란다

다니엘 라이젤은 뇌가 어떻게 행동에 영향을 미치는지를 연구하는 신경과학자*야. 2001년 그는 왜 어떤 사람은 공감하는 게 불가능한지를 이해하고 싶었어. 라이젤은 영국에서 가장 위험한 사내들에게 뇌 연구를 요청하기 위해 과감하게 런던의 웜우드 스크럽스 교도소로 갔어.

과학자들은 공감이 뇌 속 깊은 세포 다발인 소뇌 편도체*에 의해 통제된다고 믿어. 수감자들에게 슬퍼 보이는 누군가의 사진을 보여 줬을 때, 그들은 사진 속 인물이 슬프다고 말할 수 있었지만 그들의 소뇌 편도는 일반적인 반응을 보이지 않았어. "그들은 마치 단어는 알고 있지만 공감의 울림은 모르는 것 같았다"고 라이젤은 말했지.

이는 폭력적인 범죄자들이 사이코패스라는 의미일까? 라이젤은 그들의 뇌가 바뀔 수 없다면 사이코패스일 거라고 결론을 내렸어. 대다수 사람은 성인의 뇌가 새로운 뇌세포를 성장시킬 수 없다고 생각해. 정말로 그럴까?

---

*신경과학자: 신경 기관을 연구하는 과학자로, 특히 뇌 영역과 그것이 인간 행동에 영향을 미치는 방식을 연구한다.
*편도체: 뇌에 있는 작은 아몬드 모양의 세포 단위. 감정과 의사 결정을 통제한다고 생각된다.

이 질문에 답하기 위해 라이젤은 상당히 다른 연구 대상을 가지고 작업하기 시작했어. 바로 쥐였지. 고립된 환경에서 자란 쥐는 이상하고 폭력적인 행동이 발달해. 그런데 라이젤이 그 쥐들을 다른 쥐들과 접촉하게 했을 때, 그 쥐들의 행동이 점차 바뀌었어. 그들의 뇌가 새로운 세포를 성장시켰거든.

이제 라이젤은 성인 인간 역시 공감을 배울 수 있다고 믿어. 그렇다면 그들이 그렇게 할 수 있는 최고의 방법은 뭘까? 그건 바로 그들이 다치게 한 사람들로부터 시작해. 라이젤은 범죄자들이 피해자와 마주하고 자신들의 행동에 대한 책임감을 가지는 것을 통해, 행동을 바꾸는 데 도움을 줄 새로운 뇌세포를 발달시키도록 소뇌 편도를 자극할 수 있다고 생각해. 그래서 라이젤은 현재 회복적 정의 조정자가 되기 위해 훈련받고 있어. 폭력적인 범죄자들이 '내부의 얼어붙은 강을 녹이고' 공감력을 개발할 방법을 찾기 위해서지.

누가 누가 공감을 잘하나?

토론토에 있는 다운타운 대안학교 학생들은 북아메리카에서 처음으로 그들 스스로 불일치를 처리하고 문제 해결 방법을 배운 학생들이야. 1980년대, 로베르타 킹이라는 영화제작자가 해당 학교를 방문해 놀이터에서 자신들이 배운 화해 기술을 사용하는 유치원 생들을 촬영했어. 그 후 14년이 흐른 뒤, 그녀는 학교를 다시 방문해 성장한 학생들을 인터뷰했어. 그들이 분쟁 해결에 관해 배운 것이 삶에 도움이 되었는지를 알아내려고 말이야.

다운타운 대안학교의 아이들은 서로 의견이 일치되지 않으면, 다툼과 상관없는 다른 두 명의 아이들에게 조정자가 되어 달라고 요청했어. 조정자들은 모두를 조용한 장소로 데리고 가. 교실이었다면 복도로 데리고 나가고, 건물 밖이라면 운동장의 한적한 구석으로 가는 거지. 모두 원형으로 둘러앉고, 조정자들은 질문을 해.

- 두 사람 모두 문제를 풀 것에 동의하는가?
- 상대방이 방해받지 않고 발언하는 것에 동의하는가?
- 욕설이나 모욕을 금하는 것에 동의하는가?
- 진실을 말할 것에 동의하는가?

때때로 조정 과정에서 문제가 생기면, 아이들은 이 목록에 새로운 질문을 추가했어. 이를테면, '귀를 막지 않을 것에 동의하는가?'나 '손대지 않을 것에 동의하는가?' 등이지.

모두가 기본 원칙에 동의만 하면, 조정자들은 양쪽 사람에게 각각 무슨 일이 벌어졌으며 그것이 어떤 기분이 들게 했는지를 말하도록 요청해. 양쪽의 이야기를 모두 듣고 나면, 그 싸움이 왜 벌어졌는지 모두가 명확하게 알 수 있어. 싸움은 대부분 단순한 오해에서 시작되었어.

모두가 발언 기회를 가진 후, 조정자가 물어. "당신은 좋은 해결책이 무엇이라고 생각합니까?" 다시 한번 아이들은 차례대로 말하는데, 이번에는 문제를 해결하고 이런 일이 다시 발생하지 않기 위해 무엇을 해야 하는지를 제안해. 답변이 명확할 때도 있지만, 어떤 때는 모두가 공정하다고 동의할 해결책을 찾기 위해 조정자들이 고심해야 할 때도 있지.

다운타운 대안학교의 조정자 방식이 익숙하게 느껴진다고? 맞아, 어린아이들이 운동장에서 문제를 해결할 때 사용한 이 방법은 전 세계의 전통적 사회에서 수천 년간 작용해 온, 바로 그 기술이야. 몇 년 후, 킹이 인터뷰한 모든 학생은 다운타운 대안학교를 대가족처럼 느꼈다고 이야기했어. 그들 자체로 받아들여지는 대가족 말이야. 그들은 스스로 갈등을 해결해서 아무도 교장실로 가지 않았어!

십 대가 되어 킹과 이야기를 나눈 아이들은 유치원 시절 그네타기 순서나 어린이 아트 프로젝트에서 상 받는 것을 두고 벌인 싸움을 회상하며 웃었어. 그리고 그런 의견 충돌을 해결하기 위해 열심히 노력한 것을 기억해 냈지.

조정자 프로그램의 성공 비결은 무엇일까? 바로 귀 기울이기야. 방해 없이 신중하게 듣는 시간을 가진 조정자들은 사건에 대한 모두의 관점을 들었고, 관련된 아이들이 상대방의 관점을 이해하도록 도울 수 있었어. 한 소년은 조정자 역할을 이렇게 떠올렸어. "정말로 흥미로웠어요. 아이들이 싸우는 곳을 갑자기 기습해서 싸움 해결에 도움을 줄 수 있죠." 하지만 누군가를 구하고 다시 날아가 버리는 슈퍼히어로와 달리, 조정자들은 그들의 힘을 공유하기 때문에 슈퍼히어로보다 더 강력한 영향력을 발휘해. 즉, 그들의 평화 만들기 기술 중 일부는 그들이 갈등 해결에 도움을 줄 때마다 다른 사람들에게 전파된다는 거야.

정의까지 한걸음 더
초능력으로 할 수 있는 일

만약 너에게 초능력이 있다면, 그것을 좋은 일에 사용하겠어 아니면 나쁜 일에 사용하겠어? 캘리포니아의 스탠퍼드 대학교에서 실시한 한 연구에 따르면, 슈퍼히어로가 되는 건 일시적이라고 할지라도 우리를 실생활에서 더 유익한 사람으로 만든대.

한 가상공간을 사용한 연구에서 참여자들은 고글을 썼어. 이 장비는 그들에게 디지털 도시 광경을 보여 줬는데, 그곳에서 그들은 임무를 부여받았지. 도시 어딘가에 갇힌 어린아이를 구출하는 거였어. 이 가상 세계에서 참가자 중 일부는 슈퍼맨처럼 하늘을 날 수 있었어. 나머지 참가자들은 헬리콥터를 타고 아이를 찾아야 했고.

그 후 그들이 고글을 벗고 현실로 돌아왔을 때, 참가자들에게 실생활의 누군가를 도울 기회가 주어졌어. 연구자들은 가상 세계에 있을 때 하늘을 나는 능력이 있던 사람들이 헬리콥터를 타고 다녔던 사람들보다 더 많은 도움을 주었다는 사실을 발견했어. 우리가 특별한 힘을 가진 것처럼 느끼면, 다른 사람들을 더 도울 수 있게 된다는 게 밝혀진 거야.

갱에게 빼앗긴 마을 자치권을 되찾아 오다

1999년 도미니크 바터라는 한 젊은 영국인이 브라질 도시인 리우데자네이루로 이주했어. 그는 도시에서 가장 큰 빈민가나 빈민굴 근처에서 살았지. 리오 외곽 쪽으로 가파른 언덕에 지어진 빈민가는 구불구불하고 좁은 길에 작은 집들이 미로처럼 줄지어 있었어. 사람들은 가난했고 빈민가에서의 삶은 힘겨웠지. 어떤 집은 수돗물이 나오지 않았고 또 어떤 집은 안전하게 전기를 쓸 수 없었어.

그곳에서의 삶 역시 위험했어. 도미니크가 리우데자네이루에 도착했을 때는, 갱이 빈민가를 지배하고 있었어. 일곱 살이나 여덟 살 정도의 어린아이들이 갱을 위한 마약을 배달하고, 분쟁은 갱이 해결했지. 살인과 총격전이 매일 일어났어. 도미니크는 겁이 났지만, 그의 이웃들이 폭력 없이 문제를 해결할 수 있게 돕고 싶었어. 그는 사람들이 분쟁을 해결할 평화로운 방법을 찾으면, 갱에게 빼앗긴 공동체의 자율권을 되찾아 올 수 있을 것으로 믿었지. 그래서 그는 거주민들과 대화하고 빈민가의 폭력이 어떻게 시작되었으며, 그 이유가 무엇인지를 파악하며 시간을 보내기 시작했어.

사람들이 도미니크를 신뢰하면서 그에게 문제 해결을 위한 도움을 요청하기 시작했지. 그래서 도미니크는 피해자와 범죄자 그리고 가족들과 지역 주민들을 한데 불러 모으는 회의를 조직했어. 폭력은 공동체 전체의 문제기 때문에, 공동체가 해결책 일부가 될 필요가 있다는 것이 도미니크의 생각이었어.

처음에 사람들은 도미니크의 회의에 참여하는 것을 두려워했어. 복수하려는 갱의 목표물이 될지 모른다고 생각했으니까. 하지만 대화로 문제를 해결하면서 거리에서 폭력이 줄었다는 걸 사람들이 깨닫자, 그 회의는 점점 인기를 얻었지. 마침내 도미니크는 회의의 이름을 짓기로 했어. 그는 그것을 '회복적 서클'이라고 불렀어. 얼마 지나지 않아 그의 서클은 남편과 부인 사이의 갈등부터 라이벌 갱이 저지른 살인에 이르기까지 모든 것을 해결하는 데 사용되었어. 그러고 나서 도미니크는 서클이 성인뿐 아니라 아이들 사이의 분쟁도 해결할 수 있다는 걸 깨달았어. 그는 빈민가 학교에서 서클을 이끌 수 있도록 교사들을 교육했어. 처음에 서클은 매우 인기

학생들은 회의를 주재해 달라고
요청하는 걸 멈췄다.

그들은 그들만의 서클을
조직하고 있었다.

있었지만, 시간이 조금 흐르자 교사들은 도미니크에게 말했어.

학생들이 그들에게 회의를 주재해 달라고 요청하는 걸 멈췄다고 말이야. 이를 의아하게 여긴 도미니크는 학교를 방문했고 학생들이 그들만의 서클을 조직하는 걸 발견했지. 아이들은 그 절차를 흡수하고 수정하면서, 그들만의 것으로 만든 거야.

오늘날 리우데자네이루에서 퍼져 나온 회복적 사업은 브라질의 다른 도시와 마을까지 번졌어. 빈민가의 폭력은 사라졌을까? 슬프게도 그렇지는 않아. 그곳은 여전히 살기에 위험한 장소야. 하지만 서클 덕분에, 많은 젊은이가 갱과 폭력이 문제를 해결하는 유일한 방식이 아니라는 사실을 깨달아 가고 있지. 지금도 천천히, 빈민가의 삶은 바뀌고 있다고.

리싱커즈, 학교를 학생의 것으로 바꾸다

때때로 학교에서 아이들의 문제는 다른 학생들과의 관계가 아니라 학교 그 자체로 일어나기도 해. 2005년 뉴올리언스 도시를 태풍이 파괴한 직후, 조지 카터와 다른 흑인 학생들이 맞닥뜨린 상황이 바로 그런 거였어.

조지는 허리케인 카트리나가 그의 도시를 산산조각 내 버린 당시 겨우 일곱 살이었어. 그 후 학교는 몇 달간 문을 닫았고, 마침내 문을 다시 열었을 때도 상태가 좋지 않았지. 화장실은 제대로 작동하지 않았고 교과서나 의자가 모든 학생에게 돌아갈 만큼 충분하지 않았어. 심지어 나이프와 포크도 없었지. 뉴올리언스의 가난한 지구에 있는 많은 공립학교도 같은 상황이었어.

조지와 다른 아이들은 학교를 향상하기 위해 자신들이 목소리를 내야만 한다는 사실을 깨달았어. 그들은 자신들의 목소리를 들리게 하려고, 키즈 리싱크 뉴올리언스 스쿨(Kids Rethink New Orleans Schools), 줄여서 리싱커즈(the Rethinkers)라고 불리는 그룹을 조직했어. 그들은 어렸을지 모르지만, 리싱커즈의 아이디어는 어리지 않았어. 매년 그들은 하나의 큰 문제에 집중해서 창의적인 해결책을 찾고 그런 변화들이 학교에 적용될 수 있도록 노력했지. 첫해, 그들은 '화장실 개혁'에 착수해서 학교 이사진에게 350개의 부서진 학교 화장실들을 보수해 달라고 설득했어. 그러고 나서 그들은 학교 카페테리아에서 건강한 음식이 제공되는 것과 학교 정원을 조성하는 것으로 관심을 옮겼지.

하지만 여전히 많은 뉴올리언스 학생의 성공을 가로막는 한 가지 큰 장애물이 남아 있었어. 바로 '청소년 형사 처분 제도'야. 미국 연구자들은, 학교에서 정학을 받은 학생은 그것이 비록 한 번일지라도 다른 학생과 비교해서 법적인 문제에 휘말릴 가능성이 더 크다는 사실을 알아냈어. 중퇴하거나 퇴학당할 확률도 더 높았고, 그렇게 되면 그들이 감옥에 갈 가능성도 더 높아졌지. 연구자들은 흑인 학생들이 백인 학생들보다 학교에서 퇴학당하는 비율도 세 배 높다는 사실을 발견했어. 정학 처분은 아이들에게 하나의 메시지를 전달했지. "너는 학교에 어울리지 않아."

고등학교를 졸업하지 못한 아이들이 사는 지역은 범죄와 마약 그리고 갱의 폭력으로 가득 차 있었어. 그래서 2010년 리싱커즈는 학교들이 정학 제도를 회복적 정의로 대체할 것을 지지하며 그 문제에 맞서기로 했어. 그들은 자신들의 생각이 주목받을 수 있도록 기자회견을 열었어.

리싱커즈는 언론 앞에서 차례대로 발언 기회를 얻었어. 조지가 연단에 나섰을 때, 그는 너무 작아서 마이크에 닿을 수 없을 정도였지. 그는 학교가 무기 소지 감시를 위해 매일 아침 정문에서 아이들을 스캔하는 금속 탐지기를 치우고 '분위기 탐지기'로 대체해야 한다고 제안했어. 우스갯소리지만, 그 유머에 중요한 핵심이 담겨 있었어. 학교가 복도에서 금속 탐지기와 무장한 경비를 앞세워 아이들을 범죄자 취급할 때, 아이들은 범죄자처럼 행동할 가능성이 더 커진다는 거였지. 리싱커즈는 학생 조정자들이 경비들을 대신해 활동하는 걸 보고 싶었어.

리싱커즈가 학교에 평화를 가져올 방법으로 제안한 변화는 효과가 있었어. 이 새로운 방식을 도입한 첫 학교 중 하나에서, 폭력 범죄율이 64퍼센트까지 감소한 거야.

하지만 변화는 언제나 필요한 만큼 빠르게 오지는 않나 봐. 2014

년, 조지가 열다섯 살일 때 자신의 집 주변 길가에서 총격을 받아 사망했어. 그의 살인 사건 범인은 아직 못 찾았어.

조지는 죽기 몇 달 전, 학교 개혁에 관한 연설을 했어. "나는 해결책이 우리, 그러니까 청소년 안에 있다고 믿는다. 우리는 우리의 학교를 바꿀 수 있는 사람들이다. 우리는 매일 학교에 가는 사람들이고, 우리가 전문가다." 다른 리싱커즈 회원들은 그 어느 때보다 열심히 그들의 학교를 바꾸고 모든 학생의 삶을 안전하게 만들기 위해 노력하고 있어.

평화의 다리 건설하기

평화를 건설하는 일을 교문 앞에서 멈출 필요는 없어. 레일라 하산데딕에게 물어보자. 레일라는 보스니아 헤르체고비나에서 왔어. 유럽의 동남부에 있는 곳으로 1990년, 그곳에 사는 크로아티아인과 보스니아인 사이에서 벌어진 극심한 내전 후 여전히 재건 중인 나라야.

정의까지 한걸음 더
서로의 종교를 배우다

이부 파텔이 시카고에서 고등학생이었을 때, 그의 친구들은 많은 다른 나라에서 왔고 다양한 종교적 배경을 가지고 있었어. 미국인, 나이지리아인, 쿠바인, 힌두인, 기독교인, 모슬렘인, 그리고 유대인까지 있었지. 이부의 가족은 인도에서 미국으로 온 이슬라미파 모슬렘이었어. 점심시간마다 이부와 친구들은 학급 소식과 스포츠, 여자 친구 그리고 영화 이야기를 나누며 카페테리아에 앉아 있었어. 하지만 절대로 문화나 종교 이야기는 입 밖으로 내지 않았어.

누군가 학교에서 그들의 유대인 친구 사물함에 반유대인 낙서*를 휘갈겨 놓았을 때도 소년들은 아무 말도 하지 않았어. 아이들이 복도에서 유대인 친구에게 증오에 찬 말을 퍼부을 때, 그들은 어떻게 그걸 멈춰야 하는지 또 무얼 해야 하는지도 몰랐지. 그래서 그들은 아무 일도 일어나지 않은 척했고, 그렇게 하는 게 불편했기 때문에 그 친구를 피하기 시작했어.

몇 년 후, 대학교에서 이부는 그 유대인 친구를 다시 마주쳤어. 그리고 처음으로 그 친구는 당시 어떤 느낌이었는지를 털어놓았

---

*반유대인 낙서: 유대인을 몹시 싫어하거나 그들에 대한 편견을 가지고 행동하는 것을 통틀어 반유대주의라고 한다.

어. 두려웠으며 의지할 데 없는 기분이었다고 했어. 이부는 아무 일도 잘못되지 않은 척한 것이, 그 친구가 버림받았다고 느끼게 했다는 걸 깨달았어. 그리고 그 순간부터 편협에 맞서 목소리를 내기로 했지.

이부는 '종교 간 핵심청년(the Interfaith Youth Core)'이라는 운동을 시작했어. 다른 종교적 전통을 가진 젊은이들이 함께 모여 서로에 대해 배우는 거야. 이부는 젊은이들이 점점 종교적 과격주의자들의 목표가 되어 전도되며, 다른 믿음을 가진 사람들을 증오하도록 가르침 받고 있으므로 이 운동이 아주 중요하다고 말했어.

미국과 다른 나라의 대학 캠퍼스에서 종교 간 핵심청년 그룹들은 사람들에게 종교가 다르더라도 같은 사람으로서 지닌 공통점에 대해 설명해. 이부의 희망대로라면, 서로 연결됨으로써 우리는 증오가 퍼지는 걸 멈출 수 있어.

1992년 레일라가 네 살밖에 되지 않았을 때, 그녀와 가족들은 포위된 사라예보 도시를 탈출하는 마지막 버스에 올라탔어. 그들은 네레트바 강의 아름다운 다리로 유명한 모스타르의 고대 도시로 피신했어. 스타리 모스트라고 불리는 그 다리는 모스타르의 역사적 터키 지구와 오래된 유럽 지구를 잇기 위해 16세기에 건설되었지. 일찌기 모스타르는 모슬렘교도, 기독교도, 유대교도가 한

데 어울려 사는 다문화 도시였어. 하지만 1992년에 모스타르는 전쟁으로 분열되었어. 그리고 얼마 후, 폭탄은 다리를 폭파했고 지속적인 총격과 폭격을 피해 가족들과 함께 피난처를 옮겨 다니며 지하실에 살던 어린 레일라는 그것이 존재했다는 사실조차 알지 못했지.

레일라가 지금 고향이라고 부르는 도시의 역사를 배운 건 그로부터 4년 뒤, 전쟁이 끝나고 그녀가 학교에 갈 수 있게 되고 나서였어. 보스니아 헤르체고비나의 거의 모든 곳에서 크로아티아인과 보스니아인은 각기 다른 학교로 보내지지만, 레일라는 운이 좋았어. 그녀는 양 그룹의 학생들을 모두 받아들이는 실험적 학교에 입학했거든. 하지만 레일라의 학교에서조차 크로아티아와 보스니아의 아이들은 계속해서 분리되었지. 분리된 교실에서 각기 다른 교사들의 지도 아래, 서로 다른 시간표를 가지고 생활했어. 그래서 비록 같은 건물을 쓰고 있어도, 그들은 좀처럼 서로를 보기 어려웠어. 레일라는 모스타르에서는 이렇지 않았다는 사실을 알고 있었어. 그리고 그녀는 크로아티아 아이들이 궁금했어. 그들은 정말로 그렇게 다른 걸까?

어느 날, 학교에서 돌아오는 길에 레일라는 낯선 소녀 하나를 발견하고 자신을 소개했어. 단 몇 분 만에, 소녀들은 그들이 모두 바비 인형과 메이크업 그리고 팝 음악을 좋아한다는 사실을 알게 되었지. 하지만 레일라의 새 친구는 크로아티아인이었어. 레일라는

크로아티아와 보스니아의 아이들은
계속해서 분리되어 있었으며,

좀처럼
서로를
보기
어려웠다.

자신과 많이 비슷했던 그 크로아티아 소녀를 절대로 잊을 수 없었어. 그녀는 자신의 학교에서 두 민족의 학생들이 한데 모이는 학생자치위원회 회원이 되었어. 학생들은 크로아티아인과 보스니아인 사이를 어떻게 연결할 수 있을지 논의했고, 곧 누군가가 스타리 모스트 이야기를 꺼냈어. 다리는 전쟁 후 재건설되어 전 세계 여행객에게 인기 있는 명소였지. 하지만 다리가 보스니아인 지역에 있어서 대부분의 크로아티아 학생은 도시에서 가장 유명한 그 다리를 본 적조차 없었지. 학생의회는 그걸 바꾸기로 했어.

일 년 동안 크로아티아 학생들에게 다리가 안전하다는 것을 설

득했고, 마침내 보스니아와 크로아티아 아이들은 그 도시에서 사람들을 나누는 장벽을 깰 수 있다는 걸 보여 주기 위해 스타리 모스트를 건넜어. 그로부터 거의 20년이 흐른 오늘날, 크로아티아인들은 더 이상 스타리 모스트 건너는 걸 두려워하지 않고, 사람들은 보스니아인이든 크로아티아인이든 상관없이 자신들이 원하는 모스타르의 어떤 곳에서도 거주하고 일할 수 있게 되었어. 레일라는 현재 여전히 그녀 나라의 사람들을 중재하면서 평화운동가로 활동 중이고.

3

문제아는 어떻게 변화하는가?

누군가 널 아프게 했을 때, 넌 그들에게 되갚아 주거나 자신이 다시 안전감을 느낄 해결책을 찾기를 원할 거야. 그런데 두 번째 방법을 택하는 데는 기술과 결심이 필요해.

한여름밤의 치기 어린 행동_벨기에

어느 더운 여름밤, 디미와 카르스텐은 영화를 한 편 본 후 웃고 이야기하면서 집으로 터벅터벅 돌아가는 길이었다. 두 친구는 모두 열여덟 살이었다. 그들은 고등학교를 졸업하고, 가을에 대학교에 입학하기 전 휴일을 즐기고 있었다.

길을 건널 때, 편의점 네온사인이 카르스텐의 눈을 사로잡았다. "뭐 좀 먹고 가자"는 그의 제안에 디미도 동의했다.

편의점 밖에는 한 무리의 소년들이 자동차 스테레오에서 크게 울려 퍼지는 음악 소리 너머로 서로에게 소리를 지르며 어울리고 있었다. 디미와 카르스텐은 그 옆을 스쳐지나 안으로 들어갔다.

그들이 다시 밖으로 나왔을 때, 카르스텐은 갱이 거리에 주차

된 자동차 주변으로 무리를 이룬 걸 보았다. 그는 "저기 봐, 저들이 자동차 문을 억지로 열려고 하는 거 같아."라며 디미에게 말했다. 디미가 말릴 새도 없이, 카르스텐은 거리로 뛰어나가 갱에게 자동차를 그대로 내버려 두라고 소리 질렀다.

그러자 갱들은 카르스텐을 둘러싸고 앞뒤로 이리저리 밀기 시작했다. 한 소년이 그를 앞으로 거칠게 밀었고 또 다른 소년이 앞에서 카르스텐을 주먹으로 쳤다. 그 일격으로 비틀거리던 카르스텐은 균형을 잃고 뒤로 넘어지면서 연석에 머리를 세게 박았다. 그는 그 즉시 정신을 잃었다.

카르스텐은 2주 동안 깨어나지 못했다. 그가 마침내 다시 두 눈을 떴을 때는 중환자실이었다. 그해 가을, 카르스텐은 대학교에 가는 대신 뇌 손상에서 회복되길 기다리며 몇 달 동안 병원에서 지냈다.

퇴원할 즈음에는 벨기에 법원에서 온 편지 한 통이 그를 기다리고 있었다. '회복적 회의에 참여하기를 원하는가?' 그가 동의한다면, 범죄자의 징역형을 대체할 방식에 동의 하는지를 알아보기 위해 자신을 때린 소년을 만나야 할 것이다. 카르스텐은 분노하면서, 그 편지를 쓰레기통에 던져 버렸다. 그건 마치 카르스텐에게 그 소년의 형량을 줄일 것을 고려해 달라는 것과 같지 않은가! 그는 자신을 폭행한 사람이 자기처럼 몇 달 동안 병원 침대에 누워 고통받기를 원했다. 하지만 다시 생각해 보던 카르스텐은 걱정되었다. 카르스텐이 그 공격자가 한 일을 바로잡아 주지 않아서, 어쩌면 언제가 또 다른 사람이 다칠 수도 있다. 결국 그는 회의 참석에 동의했다.

상대 소년이 들어올 때, 카르스텐은 그를 거의 알아보지 못했다. 몇 달 동안 그의 기억에 있던 험상궂은 갱은 실제로는 카르스텐보다 어렸다. 마른 몸매의 아드리안은 겁먹은 듯 보였고, 계속해서 땅을 보면서 가까스로 조정자에게 우물거리며 인사했다.

조정자는 그들에게 서로 마주 보며 앉으라고 지시했고, 카르스텐에게 먼저 이야기를 시작하라고 말했다. 그렇게 그는 아드리안에게 몇 달 동안 마음속에 품어 왔던 질문을 할 기회가 생겼다. 그는 물었다. "왜 나를 때렸니?"

그 소년은 머리를 푹 숙이더니, "네가 나를 몹시 흥분하게 만들었던 거 같아."라고 조용히 대답했다. "우리가 무얼 하든 네가 상관할 일은 아니었어. 나는 네가 착한 척하면서 우리를 말리려든다고 생각했어."

몇 시간 동안 이야기를 나눈 후, 아드리안과 그의 부모는 보상할 방법을 논의하기 위해 또 다른 방으로 건너갔다. 아드리안은 후드를 푹 뒤집어쓰고 얼굴을 감춘 채 고개를 떨구고 힘겹게 밖으로 나갔다. 하지만 그들이 다시 돌아왔을 때, 그는 한결 강하고 자신감 있어 보였다. 아드리안은 그가 어떤 일을 할 수 있는지 설명하면서 분명하게 말했다. 분노 조절 코스를 듣고, 뇌 손상을

'나는 내가 저지른 일을
원상태로
되돌릴 수는
없어.

하지만
이런 일을
다시는 벌이지
않겠다고
맹세할게.'

입은 피해자들을 돕는 그룹과 함께 봉사활동을 할 것이며 카르스텐에게 재활 치료비를 보상하기 위해 직업을 구할 거라고 했다. 처음으로 그는 카르스텐의 눈을 바라봤다. "나는 내가 저지른 일을 원상태로 되돌릴 수는 없어. 하지만 이런 일을 다시는 벌이지 않겠다고 맹세할게."

카르스텐과 그의 가족은 그 제안에 동의했다. 카르스텐은 공기가 맑아진 것 같은 기분이었다. 그는 아드리안이 그의 삶을 바꾸기를 바랐다.

범죄자라는 꼬리표

정말로 겁에 질리거나 화가 난 경험이 있다면, 명확하게 생각하기 어렵다는 사실을 너도 알 거야. 극단적인 상황에서 사람들은 비이성적인 결정을 하는데, 이를테면 안전과 동떨어진 곳으로 도망치는 식이지. 그처럼 범죄를 저지르는 사람들도 때때로 왜 그들이 법을 어겼는지 설명하지 못해. 하지만 그들은 그에 관한 결과를 감수해야만 하지. 감옥에 갈 가능성을 포함해서 말이야.

전 세계의 범죄학자*, 경찰 그리고 정치인들은 범죄자에 대해 길고 힘든 형벌이 범죄 발생을 막아 주는지를 두고 몇 년 동안 논쟁해 왔어. 하지만 아무도 반박할 수 없는 한 가지 사실이 있어. 감옥에 한 번 다녀오면 다시 감옥에 갈 확률이 높아진다는 거야.

출소한 사람들은 직업을 구하고 유지하는 데 어려움을 겪어. 그들은 살 장소를 찾는 데도 어려움을 겪을 수 있어. 오랫동안 떨어져 있던 시간은 가족이나 친구와의 관계에도 피해를 보게 하지. 무엇보다도 그들은 자신들에게 범죄자라는 꼬리표가 달렸다고 느껴. 그건 감옥에 다녀온 사람들이 다시 한번 범죄를 저지르는 가장 큰 이유야.

한밤중의 폭주

회복적 정의가 전 세계 전통적 사법 제도에 뿌리를 두고 있다고 해도, 그건 꽤 최근까지도 대부분 선진국에서 피해자나 가해자를 위한 선택 사항이 아니었어. 그러다 상황을 바꾸는 어떤 일이 일어났지. 엘마이라 사건이라고 불리는 그 모든 일은, 1974년 어느 날 밤 온타리오의 한 작은 마을에서 시작됐어.

러스 켈리는 열여덟 살이었고, 취했으며 매우 화나 있었어. 따뜻한 5월의 밤, 자정 가까운 무렵이었지. 러스와 그의 친구는 작은 도시 엘마이라의 어두운 시골길을 차를 타고 달리고 있었어. 그들

---

*범죄학자: 범죄와 그것의 원인 및 사회에 미치는 영향을 연구하는 사람.

은 즐겁게 지냈어. 한껏 소리를 높여 놓은 라디오에서는 음악이 흘러나왔고 뒷좌석에는 뚜껑을 딴 맥주병이 놓여 있었어. 러스는 갑자기 자신이 싫어하는 모든 것을 떠올리게 하는 적색 섬광을 보았고, 모퉁이 주변에서 끼익 거리는 소리를 내며 차를 멈추고 창밖으로 빈 병들을 던졌지. 섬광은 길 한쪽으로 차를 대라고 지시하는 경찰이 비춘 거였어.

경찰은 맥주를 쏟아 버리고 두 소년에게 집으로 앞장서라고 명령했어. 러스는 음주운전으로 체포되지 않은 것이 행운이라는 걸 알았어. 하지만 러스는 취했을 때 화가 나는 사람이었고, 그날은 경찰들에게 분노가 일었어. 러스는 경찰들의 명령을 듣지 않았어. 어머니가 돌아가시고 그의 형이 러스를 맡아 키우려고 했을 때 말을 잘 듣지 않았던 것처럼 말이야. 러스는 자신을 책임질 수 있다고 생각했어. 그의 아버지가 돌아가신 일곱 살 이후로 쭉 그래왔다고 생각했으니까. 러스는 마을 쪽으로 차를 돌렸어.

차를 몰면서 러스의 친구는 집으로 가는 대신 "소동을 좀 일으키자"고 제안했어. "좋아, 못할 게 뭐 있어?"라고 러스가 맞장구쳤어.

푸쉬쉬쉬쉬! 러스의 소형 칼이 긋고 지나간 자리에서 공기가 쉿쉿 거리며 빠져나갔어. 러스는 끙끙거리며 두꺼운 고무를 칼로 홱 그어 버렸어. 스물두 개의 타이어를 칼로 그어 버리자 그의 팔이 쑤셔 왔고, 그는 다른 행동을 했어. 그는 한 자동차 문 앞에 섰어.

잠겨 있지 않은 차였지. 러스는 팔을 안으로 뻗어 운전석을 칼로 찢어 버렸고 천을 갈기갈기 조각내 버렸어. 그는 조수석도 똑같이 만든 다음, 그의 친구가 뒷마당에서 소풍용 테이블을 끌고 나오는 걸 보기 위해 고개를 들었어. 러스는 한쪽 끝을 잡아 주려고 달려갔어. 둘은 함께 테이블을 간신히 거리로 끌고 나와서 인공 연못에 띄우고는 테이블 다리가 얕은 물 위로 굴절되어 튀어나온 광경을 보며 경적을 울려댔지.

침실 창가에 불이 켜지자, 그들은 달아났어. 몇 블록을 지나 러스는 앞에 주류 상점이 있다는 걸 깨달았어. 그가 채 의식하기도 전에 손에는 돌멩이가 쥐여 있었어. 순식간에 돌멩이는 상점의 판유리를 향해 날아갔지. 와장창! 두 소년은 유리가 산산조각 나는 소리가 너무나 만족스러워서 더 많은 돌멩이를 찾아다가 마을을 달리며 자동차 앞 유리, 문, 신호등, 더 많은 창문, 심지어는 마을교회 앞 유리 진열장에까지 던져 댔어.

러스의 친구는 산산조각난 진열장 유리 조각들 틈으로 들어가 나무 십자가를 가지고 나왔어. 그는 활짝 웃으면서 십자가를 뚝 부러뜨렸고, 그 파편들을 땅바닥에 내던졌지. 러스는 하늘을 올려다보았고 날이 밝고 있다는 걸 알아차렸어. 그를 폭주하게 했던 분노와 아드레날린이 갑자기 사라졌어. 그는 피곤했고 혼란스러웠어. 그들은 왜 이런 광란을 시작했을까? 두 사람은 완전히 기진맥진한 채 집으로 돌아갔어.

쿵쿵 두드리는 소리가 들린 건 아직 이른 시간이었어. 그 소음이 현관에서 들려온다는 걸 깨달은 러스는 몸을 일으켜 복도를 비틀거리며 걸어가 문을 홱 잡아 열었지. 쏟아져 들어오는 밝은 아침 햇살에 경찰관의 넓은 어깨 윤곽만 보였지만, 그는 자신의 손목에 수갑이 찰칵 채워지는 걸 알 수 있었어. 그는 다시 한번 말썽을 일으킨 거야. 그것도 아주 큰 말썽을.

범죄와 감옥의 악순환 고리 끊기

마크 얀치는 온타리오 주에 있는 키치너의 젊은 보호 관찰관으로, 키치너는 엘마이라와 가장 가까운 도시야. 그는 2주마다 법적으로 문제가 있는 아이들과 일하는 다른 친구들과 모임을 했어. 모임에서 좌절감과 생각을 나누는 건 마크를 계속 앞으로 나아가게 도와주었지.

마크는 러스 켈리의 파일이 그의 책상에 도착한 날에도 모임을 할 예정이었어. 그는 보고서를 대충 넘겨보다가 너무 낙담한 나머지 모임을 건너뛰어야겠다고 생각했어. 감옥에 가게 될 한 쌍의 멍청한 아이들을 발견했기 때문이지. 마크는 러스의 힘든 유년기를 읽고, 그의 앞에 펼쳐질 미래에 대해 생각했어. 이 소년의 삶이 나아갈 방향을 바꾸기 위해 할 수 있는 일은 무엇일까?

마크는 자신의 친구들과 이 사안을 이야기할 필요가 있다고 생각했어. 마크의 모임에 있는 모든 사람은 감옥이 답이 아니라는 점에 동의했어. 하지만 그들에게도 도움이 되면서도 피해자들에게도 공평할 수 있는 게 무엇일까 고민하다가 불현듯 마크는 자신도 모르게 이런 말을 꺼냈어. "가해자들이 피해자들을 만나게 하는 게 좋지 않을까?" 탁자에 앉은 사람들이 고개를 끄덕였어. 회원들은 러스의 사례를 듣게 될 판사에게 마크의 아이디어를 관철하기 위한 계획을 함께 세우기 시작했어.

매코넬 판사가 처음 마크의 제안을 읽었을 때, 그는 코웃음을 쳤어. "그렇게 할 수 없다." 마크는 두 소년이 피해자를 만나고 그들에게 사과한 후 보험으로 보장하지 않는 손해를 변상할 것에 동의한다는 조건으로 보호 관찰을 받아야 한다고 제안했지. 이런 종류의 명령에는 어떤 법적 전례도 없었어. 판사가 이 같은 결정을 내리도록 뒷받침해 줄 법도 없었지.

매코넬 판사는 그의 법정에 거듭해서 소환되는 젊은이들에 대해 생각했어. 그들은 범죄와 감옥으로 이어지는 악순환에서 스스로 벗어날 수가 없었어. 판사는 마크의 아이디어를 시험해 보기로 했지.

정의까지 한걸음 더

청소년, 악의 구렁텅이에서 스스로 벗어나다

헤더 써리어는 앨버타 주의 에드먼턴에 있는 범죄 사법 제도가 아이들에게 공평한 기회를 주지 않는다는 사실을 깨닫고, 그 관행을 고쳐야겠다고 생각했어. 캐나다 원주민 소녀인 헤더는 열다섯 살이고 집이 없었어. 그녀는 경찰서와 학교에서 문제를 일으켰으며, 마약 중독에 시달렸지.

헤더는 자신과 같은 아이들에게 가장 필요한 건 삶을 제대로 궤도에 올릴 수 있는 지원이라는 걸 알았어. 그래서 그녀는 지역 소년법원에 그녀와 그녀의 친구들이 문제 있는 다른 아이들을 돕게 해달라고 제안했어.

2001년, '청소년 회복적 활동 사업(Youth Restorative Action Project)'이 탄생했어. YRAP는 열다섯 살부터 스물네 살까지의 청소년과 청년들이 운영했어. 아이들은 형사 입건이나 노숙 문제, 마약 중독 혹은 정신적 건강 문제를 겪을 때, YRAP의 도움을 받을 수 있었지. YRAP의 구성원은 문제를 일으킨 청소년과 그 범죄에 영향을 받은 사람들의 회의를 열어. 그리고 나서 그들은 해당 청소년이 자신들이 저지른 피해를 변상할 것에 동의한 모든 부분을 계약서로 작성해. 이때가 YRAP가 진정으로 행동에 돌입하는 순간인데, 아이들 개개인이 그들이 정한 목록을 행할 수 있도록 지원해.

헤더는 YRAP의 리더였어. 비록 이 사업 시작 당시엔, 헤더 자신은 여전히 노숙자 신세였지만 말이야. 사무실이 없어서 매일 밤 헤더는 버스 정류장 물품 보관함에 동전을 넣고 안전한 보관을 위해 YRAP의 파일들을 그 안에 채웠어.

험난한 시작이었지만, 3년 후 YRAP는 청소년법에 대한 혁신적인 접근 방식으로 내셔널 어워드를 받았어. 헤더와 다른 봉사자들은 메달을 받았고. 이 프로그램은 오늘날에도 여전히 활발하게 진행되고, 이 같은 프로그램들이 캐나다와 미국의 다른 도시에서도 생겨났어. 비극적이게도 헤더 자신은 행복한 결말을 맞지 못했어. 2010년, 그녀는 전철역에서 담배 한 대를 요청했다가 스물한 살 갱에게 총을 맞아 사망했어. 아이러니하게도 헤더의 살인범은 그녀가 몇 년간 도움을 주려고 애쓴 문제아 타입의 사람이었지.

감옥에 가지 않고 개과천선하기

마크가 자신의 제안을 두 소년에게 설명했을 때, 그들의 즉각적인 반응은 "말도 안 돼요!"였어. 그들은 자기네가 망가뜨린 집과 자동차의 모든 소유자를 만날 생각에 두려웠어. 그들은 차라리 감옥에 가는 게 낫겠다고 생각했지. 하지만 그 제안을 다시 생각해 본 러스는 그들이 엘마이라에서 계속 살려면 이 방법이 최선이라고 판단했어. 결국 러스는 친구를 설득해 대체 형벌을 따르기로 했지.

첫 번째 집은 최악이었어. 문이 열리고 슬리퍼를 신은 자그마한 여자가 나타나 의심의 눈초리로 두 소년을 바라봤어. 몇 분 동안 침묵이 흘렀어. 그러고 나서 러스는 자신을 그녀 집의 창문을 깨뜨린 아이라고 소개했지. 그 말을 하면서 그녀의 눈을 똑바로 바라보는 건 힘든 일이었어. 그는 그 일을 온종일 계속해야만 했어.

두 소년은 사람들의 두려움과 분노를 들으며 몇 시간 동안 마을 여기저기를 터덜터덜 돌아다녔어. 잔디밭에 '매매' 표지판이 꽂힌 집에 사는 백발의 할머니는 그들이 집 앞 유리에 돌을 던진 그날 밤 이후, 그 집에 혼자 사는 게 너무 무섭다고 말했어. 현재 그녀의 가족들은 그녀가 양로원에 가야 할 때라고 판단했어. 러스는 그 이야기를 들으며 자신의 할머니와 비슷하다고 생각했어. 러스와 친구는 각 집을 떠날 때, 다시 돌아와서 자신들이 저지른 일을 보상할 것을 약속했어. 마크는 뒤에서 그들이 빚진 금액을 빠르게 메모했지.

집주인들은 그 소년들을 다시 보리라 기대하지 않았겠지만, 석 달 후 그들은 보증 수표를 가지고 집집이 돌아다녔어. 그동안 러스는 용접공으로 일해서 자신이 빚진 금액을 갚았어. 러스는 자신의 용접 공구를 사용해서 교회 진열장에 새로운 십자가를 만들기까지 했지.

그 이후, 러스는 대체로 문제를 일으키지 않았지만 그의 삶은 쉽지 않았어. 부모를 잃은 고통을 잊기 위해 몇 년 동안 계속해서 마약과 알코올에 중독되어 살았지. 그러다가 더 심각한 불운이 러스를 덮쳤어. 등을 심하게 다쳐서 더 이상 용접공으로 일할 수 없게 된 거야. 그에겐 새로운 기술이 필요했기 때문에 대학에 가기로 했어.

어느 날, '공동체사법계획(Community Justice Initiatives)'이라는 기관에서 나온 강연자가 젊은 범죄자를 감옥에 보내지 않는 새로운 방법을 연설하기 위해 그가 다니는 대학의 법 강의실을 방문했어. 회복적 정의에 대한 것이었지. 강연자는 강의실에서 이 제도의 발단이 된 20년도 더 된 유명한 사례를 말했어. 그는 이를 '엘마이라 사건'이라고 불렀지. 충격의 물결이 러스를 덮쳤어. 강연이 끝나고 그는 강의실 앞으로 가서 강연자에게 자신을 소개했어. "제가 러스 켈리입니다. 당신은 저에 대해 말씀하신 겁니다."

러스는 결국 공동체사법계획에서 자원봉사를 하게 되었고, 회복적 정의 조정자가 되었어. 그는 학교와 대학, 교회, 교도소 등을 방문해서 엘마이라에서의 그날 밤과 어떻게 마크 얀치의 아이디어가 자신의 삶을 바꿔 놓았는지를 이야기하며 사연을 공유했어.

만약 마크가 러스에게 피해자들을 만나 보라고 제안하지 않았다면 어땠을까? 매코넬 판사가 새로운 아이디어가 너무 위험하다고 판단했더라면 어땠을까? 오늘날 러스는 "그런 생각조차 겁난다"고 말해. "내가 만약 감옥에 갔더라면, 훨씬 나쁜 사람이 되어 나왔을 거로 생각한다. 나는 아마 스스로 무가치하며 마치 세상이 나를 적대시하는 것처럼 느꼈을 것이다."

큰 차이는 무엇일까?

회복적 정의와 일반 사법 제도와의 차이는 몇 가지의 간단한 요소로 간추릴 수 있어.

경찰과 변호사 그리고 판사가 사법 제도를 통해 사건을 해결할 때, 그들은 다음의 세 가지 큰 질문에 답하려고 노력해.

- 어떤 법을 어겼는가?
- 누가 했는가?
- 어떤 처벌이 그들에게 합당한가?

회복적 정의의 조정자가 범죄자와 피해자, 가족 구성원, 친구들 그리고 지역 주민들과 함께 둘러앉을 때, 그들은 모두 위와는 다른 질문들에 대한 답을 구해. 조정자는 사람들에게 이런 질문을 해.

- 누가 피해를 당했는가?
- 피해를 보상하는 데 필요한 건 무엇인가?

- 피해 복구를 감독하는 건 누구의 책임인가?

범죄 피해자들이 원하는 몇 가지 사안은 다음과 같아.

- 안전감 회복
- 자신들의 질문에 대한 해명과 답변
- 자신들의 상황을 말할 기회
- 다시 균형감을 되찾는 조치들. 예를 들어, 범죄자의 사과
  나 보상

범죄로 피해를 당한 사람들은 다음과 같이 질문할 거야.

- 당신은 왜 그런 일을 했나요?
- 왜 이런 일이 나에게 일어난 거죠? 저를 겨냥한 건가요?
- 벌어진 일에 대해 미안하게 생각하나요?
- 다른 사람에게도 이런 일을 할 건가요?
- 내 가족이 당신으로부터 안전한가요?

일반 사법 제도에서 징역형을 선고받은 범죄자들도 회복적 정의의 혜택을 받을 수 있는데, 이 제도 때문에 일부 수감자들이 그들의 삶을 더 좋게 바꿨어. 쇼반 올라일리의 아버지를 죽인 사내에게 한번 물어보자.

회복적 정의는 항상 효과적일까?

그렇지 않아! 다른 것과 마찬가지로 이 역시 완벽하지 않으니까. 실제로 회복적 정의는 때때로 심한 역효과를 일으키기도 했어. 범죄자가 피해자의 집을 방문해 강도질에 대해 사죄하는 걸 허용하도록 피해자를 장려한 영국의 경우, 범죄자가 피해자의 아이패드를 또 훔치기도 했어!

또 오스트레일리아의 분노한 가게 주인은 자신의 가게 물건을 훔친 열두 살짜리 소년에게 "나는 도둑입니다"라고 새겨진 티셔츠를 입을 것을 요구하기도 했어. 주인은 어린 좀도둑이 부끄러움을 느끼기 원했지만, 지역 대학생은 그 티셔츠가 멋지다고 느꼈고 그와 같은 티셔츠를 입기 시작하면서 형벌의 의미가 퇴색되었지.

용서로 삶을 바꾸기

쇼반 올라일리는 그녀의 삶이 영원히 바뀌어 버렸을 때 겨우 일곱 살이었어. 자동차가 수리 중이었기 때문에 그녀의 아버지 대니는 직장이 있는 캘리포니아 소노마까지 자전거를 타고 가기로 했지. 대니가 페달을 밟아 저녁을 먹으러 집으로 가던 길에 난폭하게 방향을 바꾸던 픽업트럭이 쾅 하고 그를 박았고 그는 자전거에서 나가떨어졌어. 대니는 길가에서 그대로 사망했지.

그날 밤 경찰이 올라일리의 가족에게 대니가 음주 운전자에게 죽임을 당했다는 사실을 알리러 왔을 때, 쇼반은 이미 잠자리에 들고 난 후였어. 그녀는 어머니의 울음소리에 잠에서 깼어. "그 후 학교에 가는 게 달라졌다"고 쇼반은 회상했어. "아이들은 나를 어떻게 대해야 할지 혹은 어떤 말을 해야 할지 몰랐다. 그래서 그들은 아무 말도 하지 않았다. 그리고 내 어머니는 스스로 칩거하는 경향이 생겼다. 그건 그녀의 대응 방식이었다."

아버지의 죽음 후 길고 외로운 2년이 흐른 어느 날, 쇼반은 어머니에게 아버지를 차로 치고 죽게 했으며 현재 그 대가로 14년 징역형을 사는 사내, 마이크 앨버트슨을 만나 볼 수 있는지 물었어. 그녀는 자신이 너무 어려서 감옥으로 면회 갈 수 없다는 걸 알고는 다른 방법을 찾았어. 마이크에게 카드를 쓴 거야. "나는 그저 내가 당신을 용서했다는 사실을 당신이 확실히 알기를 바랍니다. 나는 여전히 아빠가 그립고, 영원히 그럴 거라고 생각합니다. 당신이 괜찮아지기를 희망합니다."

패티 올라일리는 딸이 쓴 카드를 읽고 또 읽으면서 쇼반이 옳다는 걸 깨달았어. 증오와 분노를 떨치기 위해, 패티는 자신들에게 너무 큰 잘못을 저지른 사내와 이야기를 나눌 필요가 있었어. 패티는 쇼반의 카드를 전달하고 마이크에게 그날 밤 음주 운전을 한 이유와 그가 자신의 행동을 보상하기 위해 계획한 것을 듣기 위해, 수감 중인 마이크를 방문했어.

마이크와의 만남은 패티가 상실의 슬픔을 치유할 수 있도록 해 주었어. 그리고 그녀는 그 만남이 마이크에게도 도움이 되었다는 걸 알았지. 그는 알코올 중독 재활협회에 가입했으며 그를 계속 마약과 알코올에 중독되게 한 과거의 문제들에 맞서도록 동기 부여를 받았던 거야. 곧 패티는 회복적 정의 프로그램에서 자원봉사를 시작했는데, 실제 피해자가 참여하기 싫어할 때는 '대리 피해자'로 나섰어.

쇼반은 지금 어떻게 됐을까? 2015년 봄, 그녀는 마침내 자신이 아주 오래전 용서한 그 사내를 방문할 수 있는 열여덟 살이 되었어. 5월 초의 어느 아침, 그녀는 감옥으로 갔어. "나는 예상했던 것보다 더 긴장했고 두려웠다"고 그녀는 고백했어. "그가 실제로 그곳에 있다는 사실에 압도당했다. 나는 우리가 만나기 전에 화장실

'나는
그저
내가
당신을
용서했다는
사실을
당신이
확실히
알기를
바랍니다.

나는
여전히
아빠가
그립고,
영원히
그럴 거라고
생각합니다.'

에 가서 얼굴에 찬물을 끼얹어야만 했다. 그는 자기 트럭이 나의 아버지를 죽인 그날에 대해 기억할 수 있는 걸 말해 주었다. 정말 듣기 힘들었지만, 나는 그 이야기들을 들을 수 있게 된 게 기뻤다. 나는 그에게 아빠가 돌아가시고 난 후 내가 어땠는지를 말해 주었다. 그는 울지는 않았지만 눈물이 고였다. 그는 우리를 매일 생각하고 우리를 위해 기도하고 있다. 나는 내 인생에 분열을 안겨 준 그 사람이 뉘우치고 있다는 걸 알게 되어 감사했다."

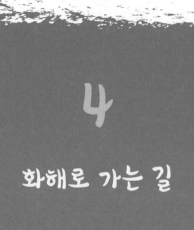

4

화해로 가는 길

때로는 미래를 건설하기 위해서라도 과거를 청산할 필요가 있어. 전 세계 어린 원주민은 화해를 향한 그들의 여정이 정부로부터 "미안해"라는 말을 듣는 것으로 시작할 필요가 있다는 사실을 알아 가고 있지.

총리의 사과_오스트레일리아

머린데 요린건은 할머니 모디의 손을 꼭 붙잡고 있었다. 그날
은 2008년 2월 13일이었고, 그들은 되도록 빨리 발걸음을 재촉
하며 주민센터로 서둘러 가고 있었다. 모디는 케빈 러드라는 남
자가 그들에게 사죄할 것이라고 말했다. 머린데는 겨우 여덟 살
이었지만 케빈이라는 이름을 가진 어느 사람도 절대로 만나지 못
하리라는 걸 확신했다. 만약 케빈이 사죄할 거라면, 그녀와 모디
할머니가 이렇게 급하게 서두를 이유가 있을까? 그는 미안하다고
말하기 위해 그들이 그곳에 도착할 때까지 확실히 기다리고 있
을까?

"모디 할머니, 케빈이 무엇을 잘못했나요?"

"애야, 케빈 러드는 아무것도 잘못하지 않았단다. 잘못한 건

그보다 먼저 온 사람들이지. 잃어버린 아이들. 그 점이 바로 러드가 사죄할 부분이야."

그날 머린데에게는 마치 마을에 사는 모든 원주민 가족이 제일 좋은 옷을 차려입고 밖에 나온 것처럼 보였다. 주민센터 안에서 사람들은 전면에 커다란 TV 스크린이 설치된 방안으로 몰려들어갔다. 머린데는 케빈이란 사람을 찾기 위해 여기저기 둘러봤지만, 낯익은 친구와 이웃의 얼굴만 보일 뿐이었다.

갑자기 TV 스크린이 켜지고, 한 장의 종이를 낭독하는 오스트레일리아의 총리 케빈 러드가 등장했다. 그는 "이제 국가가 과거의 잘못을 바로잡음으로써 오스트레일리아의 역사에서 새 장을 넘길 시간이 되었습니다."라고 읽었다. 방이 아주 조용해서 머린데는 귀 기울이지 않아도 그가 말하는 걸 잘 들을 수 있었다.

그는 "우리는 특히 원주민의 아이들을 가족과 이웃 그리고 그들의 나라에서 격리한 점을 사과합니다. 잃어버린 세대와 그들의 후손 그리고 남겨진 가족의 고통과 괴로움 그리고 상처에 대해 사죄드립니다. 가족과 이웃과의 분리에 대해 그들의 부모와 형제자매에게 사죄드립니다."

방안 여기저기서 사람들이 눈물을 훔치고 있었다. 머린데가 모디 할머니를 돌아봤을 때, 그녀의 강인한 할머니도 훌쩍이고 있었다. "모디 할머니, 대체 무슨 일이죠?"라고 그녀가 물었다.

할머니는 그녀를 안아 주었다. "머린데, 그건 내게 일어났던 일이란다. 그들은 나를 가족과 떨어뜨려 놓고 기숙학교에 넣었단다. 내 형제자매와 사촌에게도 모두 같은 일이 일어났지. 그들은 우리가 우리의 참된 언어를 잃어버릴 때까지 영어로만 말하게 했어. 부모를 만나지 못하게 했고. 그들은 우리가 우리의 문화를 잊어버리고, 원주민의 의미를 잊어버리기를 원했지. 그렇게 자라는

건 아주 끔찍하고 외로웠단다."

머린데는 방 안에 있는 심각한 표정의 사람들을 바라봤다. 그
녀는 자기 나라가 할머니에게 상처를 준 사실을 스스로 인정한
그 날을 절대로 잊지 못하리라고 생각했다.

사과를 말하는 방법, 진심

오스트레일리아의 총리 케빈 러드가 오스트레일리아 원주민에
게 전한 사과는 화해를 위한 중요한 첫걸음이었어. 시민 중 한 집
단이 부당한 취급을 받거나 학대당해 왔다는 사실을 정부 측에서
인정했을 때만 오래된 상처를 치유하고 새로운 관계를 건설하는
게 가능해. 사람들 대부분은 정부가 과거의 잘못을 바로잡는 조처
를 하기에 앞서, 일단 불평등과 억압 혹은 인권 유린에 대한 책임
을 인정하고 사과해야 한다는 점에 동의해.

1995년, 엘리자베스 여왕은 뉴질랜드 마오리족에게 사과했어. 영
국 국왕이 어떤 일에 대해 공식적으로 사과를 발표한 건 처음 있
는 일이었고, 이는 오래전에 해야 했을 일이었지. 그때로부터 150년
도 더 전인 1840년, 영국 정부는 마오리족에 대한 통치권을 영국
에 양도하는 대가로 마오리족에게 뉴질랜드의 땅과 숲, 주변 바다
에 대한 권리를 보장하는 조약을 마오리족장과 체결했어. 마오리

족장은 이에 동의했지만, 20년 만에 영국은 약속을 깨고 마오리족으로부터 300만 에이커(서울시의 20배가 넘는 크기)에 달하는 땅을 빼앗았어. 이 잘못을 바로잡기까지 1세기 이상이 걸렸어. 영국 여왕이 조약을 위반한 점을 사과했을 때, 뉴질랜드 정부는 강탈당한 이들의 후손들에게 보상금 혹은 배상금으로 수백만 달러를 지급하는 동시에 약 3만 에이커를 마오리족에게 되돌려 주었어.

북아메리카에서는 40년 이상 국제사회의 압력을 받은 캐나다와 미국 정부가 1988년에 마침내 제2차 세계 대전 동안 일본인들이 받은 대우에 대해 그들의 후손에게 사죄하고 배상금을 주는 데 동의했어. 전쟁이 일어난 당시 태평양 연안에 살았던 일본계 캐나다인과 일본계 미국인은 포로수용소로 보내졌어. 그들 거의 전부가 시민이었으며 많은 이가 한 번도 일본에 가 본 적이 없음에도 정부가 그들을 스파이일지 모른다고 의심했거든. 두 나라의 정부는 포로수용소로 강제로 보내진 가족의 재산을 점유하고 전쟁이 끝난 후에도 돌려주지 않았어. 포로수용소의 상황은 혹독했으며, 많은 사람이 죽거나 질병에 걸렸어. 가족은 흩어졌고 전쟁이 끝난 후에도 사람들은 수년 동안 그들의 삶을 재건하기 위해 고군분투했지. 비록 정부의 배상금이 그들의 고통을 보상해 줄 수는 없더라도 배상금은 정부의 사과가 진실하다는 걸 보여 주는 데 도움이 되었어.

고정관념에서 벗어나기

단지 어리다는 이유만으로 어른들이 널 부당하게 판단한다고 느껴 본 적 있어? 널 따라다니며 네가 가게 물건을 훔치지 않는 걸 확인하는 점원이나, 네가 나쁜 일을 꾸밀 거로 생각하며 공원에서 너와 친구들을 내쫓는 누군가를 만난 적이 있을지도 모르겠다.

그런 생각을 고정관념*이라고 해. 고정관념은 사람을 분리해. 한 집단에 속한 사람들이 다른 집단에 있는 모든 사람을 두고, 그들을 진정으로 알아보지도 않은 채, "그들은 모두 사기꾼이야."라거나 "그들은 모두 거짓말쟁이야."라고 정하는 거야.

고정관념은 아무도 그런 생각이 어디서 왔는지 반문하지 않으면, 세대에서 세대로 전달되기도 해. 때때로 집단 간의 악감정은 50년, 100년 심지어는 1000년까지 거슬러 올라가기도 해. 이런 편견은 매우 강할 수도 있고, 갈등 해결을 어렵게 하기도 한단다.

회복적 정의가 차이를 만들 수 있는 부분이 바로 여기야. 사람들이 서로를 더 잘 이해하기 시작할 때 평화롭게 함께 살 수 있는 더 좋은 기회가 생겨.

---

*고정관념: 한 집단의 사람들이 어떤 방향으로 모두 비슷하게 가지고 있는 신념.

오스트레일리아의 잃어버린 세대

오스트레일리아 사람들은 매년 5월 26일, 정부 아래에서 원주민들이 억압과 학대로 고통받은 시기를 기려. 이는 사죄의 날 (National Sorry Day)로 불리며, 오스트레일리아 원주민과 이주민이 인종차별주의 정책의 시대를 보낸 후 화해를 시도하는 방식 중하나야. 1967년까지 원주민에게는 선거의 투표권조차 없었어. 그들의 조상이 오스트레일리아에서 3만 년 이상 거주하고 있었는데도 말이야!

많은 오스트레일리아인은 찰스 펄킨스라는 젊은 원주민의 용기 덕분에 원주민을 차별하는 법 제도에 처음으로 의문을 가지기 시작했어. 찰스는 1936년에 오스트레일리아 중심부에 있는 작은 마을인 앨리스 스프링스에서 태어났어. 그가 여섯 살이 되었을 때, 정부는 찰스를 그의 어머니로부터 떼어 내고 원주민 아이들이 영어를 배우고 '기독교 교육'을 받는 기관으로 보내 버렸어.

그 학교에 다니게 된 찰스와 다른 아이들은 지금 오스트레일리아의 '잃어버린 세대'라고 알려지게 되었지. 50년 넘게 수만 명의 원주민 어린이가 집에서 격리되어 학교나 보육원으로 보내졌어. 가족과 떨어져 성장한 찰스에게는 축구가 하나의 위안이었지. 그가 열네 살이 되었을 때, 그와 그의 친구들은 주립 축구팀의 몇몇 소년과 경기를 했어. 맨발의 원주민 아이들은 자신들보다 나이 많은 소년들을 이겼고, 상대편 코치는 찰스 펄킨스를 알아봤어. 곧 찰스는 주립 팀에서 뛰게 되었고, 그가 아직 십 대였을 때 영국의 프로 축구팀에서 경기하기 위해 오스트레일리아를 떠났지.

1958년, 그가 돌아왔을 때 찰스는 유명해졌어. 그는 오스트레일리아의 첫 원주민 축구 스타였거든. 찰스는 자신의 유명세를 이용해 오스트레일리아 원주민이 백인과 같은 권리를 얻을 수 있게 돕기로 했어. 그 계획의 첫 단계는 교육을 받는 것이었지. 찰스는 공부를 시작했고, 얼마 지나지 않아 대학교에 입학한 첫 원주민이 되었어.

대학교에서 찰스와 몇몇 친구는 원주민을 위한 학생연대(Student Action for Aborigines; SAFA)를 조직했어. 그들은 버스를 빌려서 나라 전역을 돌아다니며 원주민이 견디는 끔찍한 생활 환경에 대해 항의했어. 찰스의 용기와 그 모임의 활동 덕분에 오스트레일리아 사람들은 처음으로 원주민의 생활 환경에 관심을 두게 되었어. 그들은 원주민이 학대당하고 차별당하는 현실을 직시해야만 했지. 이것은 오스트레일리아에 나타난 큰 변화의 시작이었어.

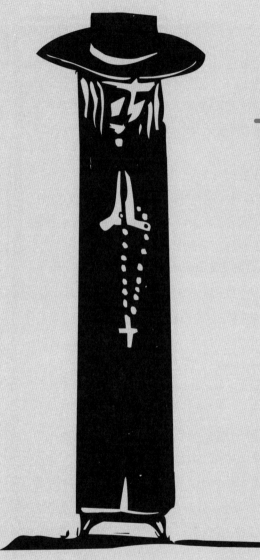

정부는
찰스를
영어를 배우고
기독교 교육을
받는 기관으로
보내 버렸다.

모두 함께 수영을!

　1965년 2월 19일 오후, 먼지투성이 버스 한 대가 오스트레일리아 작은 마을인 모리 언저리에 멈춰 섰어. 안에는 찰스 펄킨스와 30명의 SAFA 회원, 그리고 용감하지만 긴장한 근처의 원주민 기숙학교에 다니는 아이 몇 명이 타고 있었어. 그들은 원주민이 백인과 함께 수영하는 것을 금지하는 지방법(외국 중에는 지방자치단체에서만 효력을 발휘하는 법이 있는 곳도 있어)에 항의하기 위해 그 마을의 수영장으로 가는 길이었어.

　버스는 수영장 밖에 멈췄고, 찰스가 걸어 나왔어. 그는 원주민 십 대들을 입구로 안내했고 SAFA 회원들이 그 뒤를 따랐지만, 수영장 직원은 그들을 안으로 들이지 않으려 했어. 찰스와 친구들은 자리를 떠나지 않았어. 대신, 그들은 수영장으로 가는 입구를 막고 선언했어. "만약 이 아이들의 입장이 허용되지 않는다면, 다른 누구도 들어갈 수 없다." 그들 뒤에서 백인 마을 사람들 무리가 화가 나서 불평하기 시작했어. 긴장이 고조되었지.

　"모두가 수영하고 싶어 했죠."라고 찰스는 몇 년 후 한 오스트레일리아 TV 다큐멘터리에서 그날을 회상했어. "몹시 더운 날이었죠. 그래서 그들은 모두 수건과 필요한 수영용품을 챙겨 모이고 있었어요. '무슨 일이야?', '맙소사, 빌어먹을 흑인들이 입구를 막고 있어.', '그들을 없애 버리자.' 그래서 그들은 경찰을 불렀어요. 달걀이 날아오기 시작했고, 다음에 돌멩이가 날아왔으며 그 다음에는 병들이 날아왔죠."

SAFA의 항의는 폭동을 일으키기 시작했어. 수영장 관리자가 마침내 사안에 동의하고 수영할 수 있도록 학생들을 안으로 들여보낼 때까지, 학생들은 세 시간 동안 분노해서 소리 지르는 1000명이 넘는 마을 사람과 빗발치는 음식과 쓰레기 그리고 돌멩이에 맞섰어.

이 대결은 신문들에 실렸고, 오스트레일리아 전 국민이 이 사건을 부끄러워했지. 그리고 서서히 오스트레일리아의 법과 태도가 바뀌기 시작했어.

찰스 펄킨스는 훗날 친구들의 용기와 우정이 어떻게 오스트레일리아의 백인을 향한 자신의 태도를 바꾸는 데 도움을 주었는지를 회상했어. "나는 사람들, 그러니까 백인을 다르게 보기 시작했습니다. 그리고 나는 백인을 좀 더 이해하게 되었는데, 이를테면 좀 더 열린 마음을 가지게 되었죠. 그리고 나에게서 증오심이 많이 사라졌는데, 그냥 나에게서 다 빠져나간 기분이었습니다."

진실이 우리를 자유롭게 할 거야!

오랫동안 남아프리카 정부는 흑인에게 백인과 같은 권리를 인정하지 않는 아파르트헤이트* 제도를 시행했어. 흑인은 투표할 수 없고 전국을 자유롭게 여행할 수 없으며, 거주하고 일하는 장소도 제한을 받았어. 흑인과 백인을 위해 각각 분리된 학교와 병원 그리고 거주 지역이 있었어. 경찰은 어떠한 이유로도 흑인을 체포할 수 있었으며, 실제로 종종 그렇게 했어.

수많은 용기 있는 흑인 운동가의 오랜 투쟁이 있고 난 뒤, 마침내 1994년 아파르트헤이트는 폐지되었어. 넬슨 만델라를 포함해 정치범들이 석방되었고, 나라는 50년 만에 처음으로 자유 투표를 시행할 준비를 했어. 그 해, 넬슨 만델라는 그 나라의 첫 흑인 지도자로 선출되었어. 그의 첫 결정 사안 중 하나는 아파르트헤이트 아래서 일어난 일들에 관한 진실을 밝힐 진실과화해위원회(a Truth and Reconciliation Commission) 설립이야. 만델라는 일단 흑인의 살인과 구타, 투옥에 관한 모든 것이 명명백백하게 밝혀져야, 남아프리카 사람들이 앞으로 나아갈 수 있다고 기대했어. 그는 과거의 불평등을 솔직하게 말하기 전에는 나라에 어떤 미래도 없다고 믿었지.

---

*아파르트헤이트: 아프리칸스어로 '분리된 상태'라는 뜻. 남아프리카 공화국에서 1948년부터 1994년까지 시행된 정책으로 인종별로 사람을 격리하는 제도다.

만델라는
과거의 불평등을
솔직하게
말하기 전에는
나라에
어떤 미래도
없다고 믿었다.

정의까지 한걸음 더
어린이, 평화를 외치다

1976년 6월 16일의 눈부시게 화창한 이른 아침, 남아프리카에 있는 소웨토 거리는 교복을 입은 아이들로 가득했어. 그 학생들은 교실로 향하는 게 아니라 학교를 이탈해서 걸었어. 그들은 모든 학급에서 아프리칸스어로 가르치는 남아프리카 정부의 정책에 반대하는 지역 학생 모임이 주도하는 항의 행진에 참여하고 있었지. 아프리칸스어는 남아프리카를 식민화한 백인 정착민이 쓰는 언어야. 소웨토의 흑인 학생은 아프리칸스어를 하지 못했고, 줄루어나 영어로 배우기를 원했지. 그들은 수업을 거부해서 정부에 그들이 진지하다는 걸 보여 주기로 했어.

그날 아침, 소웨토의 모든 학교에서 학생들이 펜을 내려놓고 거리로 줄 서서 나왔어. 만 명의 아이들이 평화 시위 모임을 위해 도시 중심에 있는 올란도 스타디움을 향해 행진을 시작했어. 그들은 자신들의 대의에 관심을 집중시키기 위해, 집에서 만든 현수막을 가져왔고 노래를 불렀으며 구호를 외쳤어.

하지만 그들은 스타디움까지 도달하지 못했어. 경찰들이 학생들이 행진하고자 계획한 거리를 막았거든. 학생들이 바리케이드에 이르렀을 때, 경찰들은 최루 가스통을 던지고, 전투견을 풀었어. 학생들이 돌과 벽돌을 던지며 강력히 대항하자, 한 지휘관이 경찰들에게 발포를 명령했어. 그날 200명이 넘는 아이들이 경찰의 총격이나 구타로 사망했지.

소웨토 폭동이라고 알려진 이 사태는 아파르트헤이트 제도에 대항하는 남아프리카 흑인의 투쟁에 전 세계인의 관심을 끌었어. 현재 남아프리카 사람들은 매년 이 폭동을 기려. 남아프리카에서 6월 16일은 청소년의 날로, 자유롭고 평등한 나라를 만들기 위한 싸움에서 그들의 삶을 희생한 젊은이들을 기리는 날이야.

쓰라린 진실을 넘어서

진실과화해위원회는 남아프리카 전역의 마을에서 청문회를 열었고, 아파르트헤이트 반대 투쟁에 참여한 사람들이 그들의 사연을 나누기 위해 왔어. 정부 측에서 일한 사람도 참석했지. 처음으로 남아프리카 군인과 경찰이 시위자와 운동가, 수감자가 받은 대우와 학대에 관해 솔직하게 발언했어. 마침내 남아프리카의 많은 흑인이 아파르트헤이트 기간에 사라진 그들의 자녀와 부모, 혹은 배우자에게 어떤 일이 벌어졌는지 알게 되었지. 그들이 어떻게 체포되었으며 고문받고 죽었는지를 말이야.

남아프리카 줄루어에는 "모든 진실은 쓰라리다"는 말이 있어. 확실히 아파르트헤이트에 관한 진실은 남아프리카인이 듣기에 몹시 괴로운 거였어. 청문회는 국영 TV에서 방영됐기 때문에 나라의 모든 사람이 시청했어. 그럼으로써 어떤 남아프리카인도 흑인이 당한 학대에 관해 알지 못한다고 다시는 말할 수 없게 되었지.

그 과정이 완벽하지는 않았어. 진실과화해청문회에서 진술한 경찰과 군인은 사면*을 받았는데, 최악의 학대 행위에 책임 있는 지휘관이 감옥에 가지 않았다는 사실은 일부 사람들을 화나게 했지. 하지만 사면이 아니었다면 비밀과 거짓말의 오랜 세월이 절대로 종결되지 못했을 거야. 또한 진실과화해위원회는 생존자에게 그들의 사연을 말하고, 아파르트헤이트의 폭력으로 인해 그들의 삶과 가족의 삶이 어떻게 바뀌었는지를 공유할 기회를 주었어.

그 이후, 진실과화해위원회는 에콰도르와 과테말라 그리고 엘살바도르 같은 나라에서 원주민을 향한 불평등과 억압 그리고 폭력을 밝혀내는 걸 도왔어. 캐나다에서 위원회 위원들은 나라를 종횡무진으로 누비며 15만 명이 넘는 원주민 중 어릴 때 가족과 격리되어 기숙학교로 보내진 사람에게서 증언을 수집하는 데 5년을 보냈어. 캐나다 정부는 100년 넘게 이런 특수 기숙학교를 운영했는데, 그곳에서 원주민 아이들은 영어 사용을 강요받았고, 그들의 언어를 사용하고 그들의 문화나 신념을 공유했을 시에는 처벌받았어. 캐나다의 마지막 기숙학교는 1996년까지 폐쇄되지 않았지. 캐

---

*사면: 법을 어겨서 형벌을 받은 사람들의 죄를 정부가 용서해 주는 것.

나다의 거의 모든 원주민 가족이 어린 세대가 해당 학교에서 당하는 부당한 대우와 학대에 영향을 받았어.

위원회가 마을을 옮겨 다니며 생존자의 사연을 들을 때, 모든 캐나다인 역시 그 소리를 들었지. TV와 라디오에서 보도되었으며, 비디오로 촬영되었고 신문과 온라인 매체의 리포터들이 위원회가 가는 곳이라면 어디든 따라다녔어. 진실과화해위원회가 마침내 2015년 6월 보고서를 발표했을 때, 캐나다 사람들은 이제 원주민이 겪은 고통과 고난을 보상할 때라는 걸 알 수 있었어. 위원회는 기숙학교 제도가 남긴 상처를 치유하기 위해 캐나다 사람들이 할 수 있는 방법을 94가지의 권고사항으로 만들었고, 몇 달이 지나지 않아 변화하기 시작했어.

최근까지 아이들은 진실과화해위원회의에 참여하지 않았어. 하지만 아이들이 그들의 삶에서 회복적 관례를 사용할 수 있다는 걸 사람들이 알게 되고, 그들이 폭력적 사건에 얼마나 깊은 영향을 받는지를 어른들이 깨닫게 됨에 따라 그런 관행은 변하고 있어.

지나간 과거를 바로잡을 수 있을까?

정부와 교회 또는 다른 집단이 오래 전 한 일들을 사과해야만 한다는 것에 모두가 동의하는 건 아니야. 일부 사람들은 자신이 태어나기도 전에 일어난 일들을 사과하거나 저지르지도 않은 행동에 책임질 수 없다고 주장해.

미국 정부는 수십만 명의 흑인을 노예로 만든 것에 대해 단 한 번도 공식적인 사과를 발표한 적이 없고, 일부 사람들은 그렇게 하지 않아도 된다고 생각해. 노예를 소유한 적 있는 미국인 중 오늘날까지 살아 있는 이가 없기 때문이야. 하지만 다른 사람들은 한 나라의 과거에 일어난 잘못과 폭력 그리고 불평등을 우리가 모두 책임져야 한다고 말하기도 해.

아이들의 빛나는 역할

1996년 오스트레일리아 다윈에 있는 카밀다 대학에서 온 한 작은 학생 무리가 조정 회의에 나타났을 때, 사람들은 큰 충격을 받았어. 그 회의에 참석하던 수백 명의 사람 가운데 그들만 청소년이었거든. '화해와 청소년' 토론장조차 성인으로 채워져 있었고, 모두 그들이 생각하기에 청소년들이 원하는 것을 논의하기에 바빴지.

학생들은 그들만의 모임, STARS라는 학생화해연대(Students That Action Reconciliation Seriously)를 시작했어. 그들은 원주민 과 이주민 청소년이 서로 연결될 수 있도록 지원하는 최고의 방 법은 청소년 이벤트를 개최하는 것이라고 결정했어. 2년 후, 오스 트레일리아 전역에서 온 약 300명의 학생이 청소년 화해의 장(the National Youth Reconciliation Convention)을 위해 다윈에 모였어. 이곳에서 모든 연설과 프레젠테이션은 청소년이 진행했어. 일부 이 주민 학생에게, 이 회의는 그들이 오스트레일리아 원주민을 만난 첫 시간이 되었어. 이는 그들에게 원주민 가족이 받은 잃어버린 세 대의 영향을 직접 듣는 기회였지.

5

전쟁의 상처를 치유하기

남아프리카의 전 대통령인 넬슨 만델라는 이렇게 말한 적이 있어. "나는 적을 친구로 만들었을 때, 적을 무찔렀다." 회복적 정의가 갈등하던 사람들을 항상 친구로 만드는 것은 아니지만, 관계를 회복시킴으로써 이전에는 적이었던 사람들을 평화롭게 살게 해 준다는 뜻이야.

아픈 역사를 기억하며_과테말라

"초록색 페인트를 좀 더 가져다줘. 그 색이 다 떨어져 가는데 아직도 이쪽에 칠할 나무가 아주 많아."

"자, 여기 있어! 나는 숙녀들의 블라우스를 칠할 주황색과 남성들의 바지를 칠할 파란색이 좀 더 필요해."

열두 살 이사벨라는 페인트 담당이었다. 새로운 색과 붓 정리, 카펫 청소에 대한 모든 수요에 대는 건 힘든 일이었지만, 그녀는 그 일을 사랑했다. 그해 여름, 그녀의 또래 모임은 시청 한쪽 면에 대형 벽화를 그리며 며칠을 보내고 있었다.

"이사벨라, 노란색 페인트랑 새로운 붓 좀 가져다 줘. 빨리! 이제 태양을 그려야 한단 말이야."

그런 다음에는 이렇게 말했다. "이사벨라, 이제 몸통을 시작해야만 해. 우리는 붉은색이 아주 많이 필요해, 부탁이야."

　이사벨라는 긴 벽 중앙 부분 근처에 모여 그림을 그리는 무리와 합류하기 위해 걸어갔다. 그들은 그림의 마무리되지 않은 부분을 바라보고 있었다. 인간을 표현한 형상들이 갈색의 회반죽 위에 대략 스케치 되어 있었다. 몇몇 형상은 항복의 표시로 팔을 들고 있거나 바닥에 엎드린 모습으로 그려졌고, 일부는 그런 형상들에 총을 겨누고 있었다. 많은 형상은 벽화의 끝부분에 있는 멀리 떨어진 초록색 나무를 향해 도망치는 모습이었다. 이사벨라는 엄청난 흥분 속에서 그녀가 무엇을 그리고 있는지를 거의 잊고 있었다는 사실을 깨달았다.

　그녀의 작은 고향인 산타엘레나의 거의 모든 사람처럼, 이사벨라는 과테말라 원주민 중 하나인 마야인이다. 1960년을 시작으로 30년 넘게, 과테말라 군대는 마야 저항 세력을 상대로 잔혹한 내전을 벌였다. 수십만 명의 사람이 사라지고, 정부 명령대로 움직이는 군인들에 의해 납치당하고 죽임을 당했다. 이사벨라의 마을에서도 군인들이 가족 전체를 몰살했다. 산타엘레나의 대학살은 이사벨라나 그녀의 친구들이 태어나기 훨씬 전에 일어난 일이었다. 그들이 내전을 기억하기에는 너무 어렸기 때문에 마을 아이들은 과거에 마을에서 일어난 폭력에 관해 배울 필요가 있다고 결정했고, 그 기억을 계속 살아 있게 하려고 벽화를 그리는 중이었다. 아이들의 부모나 조부모, 고모와 삼촌 등 내전 생존자들의 이야기 덕분에 아이들은 그 장면을 되살릴 수 있었다.

평화의 퍼즐 조각을 다시 맞추기

만약 여러분의 나라가 전쟁으로 분열되어 있다면, 조각들을 하나로 맞추는 일은 거의 불가능해 보일지도 몰라. 싸움이 끝났을 때조차, 그것이 진정한 평화를 성취했다거나 싸움이 다시 시작되지 않는다는 걸 의미하지는 않으니까. 때로는 반대편이 너무 오랫동안 적이었기 때문에, 그들 사이에 증오와 폭력이 없던 시간을 아무도 기억할 수 없는 때도 있어. 그렇다면 적대적인 감정이 깊어진 사람들 사이에서 화해를 끌어낼 수 있을까? 몇몇 아이가 그 방법을 찾고 있어.

아일랜드와 이스라엘, 르완다와 스리랑카의 청소년들은 정의와 평화를 위해 활동하고 있어. 토론과 집회에 참여하고, 시와 노래를 쓰면서, 미술과 영화를 제작하고, 전통적 의식에 참석하고, 라디오 프로그램과 잡지, 웹사이트 그리고 소셜미디어를 통해 평화의 말을 퍼트리면서 말이야.

전쟁이 아이들에게 새긴 상처

아이들이 강제로 군인이 되면, 그들은 전쟁의 피해자인 동시에 참여자가 돼. 캄보디아의 아른 촌 폰드 같은 아이들은 강제로 싸우

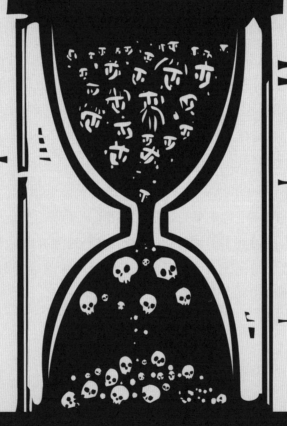

때로는 반대편이 너무 오랫동안

적이었기 때문에,

그들 사이에 증오와 폭력이 없던 시간을

아무도 기억할 수 없다.

게 되었을 때, 증오와 두려움을 놓는 게 얼마나 어려우며, 확실히 폭력이 재발하지 않게 하기 위해 그들의 사연을 공유하는 게 얼마나 중요한지를 알아.

1975년 어느 저녁, 아른이 여덟 살일 때 그의 가족은 거의 아무 것도 챙기지 못한 채 캄보디아에서 두 번째로 큰 도시인 바탐방의 집에서 도망쳐 나왔어. 그들은 나라를 장악한 급진적인 공산주의 무장세력인 크메르 루주군에게서 도망치고 있었지. 수천 명의 사람이 크메르 루주군을 피해 숨으려고 도망치는 혼란 속에서 아른은 가족과 헤어졌어. 그는 다시는 그의 부모와 누나를 볼 수 없었지. 크메르 루주군이 그를 잡아들였고, 다음 4년 동안 그는 크메르 강제노동수용소에서 군인을 위한 식량을 재배하는 논일을 했거든. 아른이 열두 살 되던 해, 베트남 군대가 캄보디아를 침략해 왔어. 크메르 루주군과 베트남 군대 사이에서 처절한 전투가 벌어졌고, 캄보디아인들은 그 중간에 끼어 있었어.

아른은 크메르 루주군 사령관이 그에게 총을 건네주고 그가 이제부터 군인이라고 말한 그 날을 기억해. 그는 싸움을 거부하면 죽게 되리라는 걸 알았어. 그리고 여전히 아른에게는 가족을 찾겠다는 꿈이 있었어. 그래서 그는 탈출할 기회를 찾을 수 있을지 모른다는 희망으로 그 명령에 따랐지.

크메르 루주군은 아른과 다른 소년들을 게릴라 병으로 훈련시켰어. 그리고 정글을 기어서 통과해 베트남 진영에 가능한 가장 가까이 접근하라는 명령을 내리고 소규모 부대로 그들을 보냈지. 말소리를 들을 수 있을 만큼 베트남군에 가까이 접근했을 때, 소년들은 총을 쏘고 정글 속으로 몸을 피하기로 되어 있었어. 때때로 아른과 다른 소년들은 그들이 베트남 군인들에게 총을 쏘는 것인지 아니면 무고한 캄보디아 주민들을 향해 총을 쏘는 것인지 알 수 없었어. 결국 아른은 계속해서 살인을 저지를 수 없다고 판단했어. 그의 유일한 선택은 도망치는 거였지. 만약 크메르 루주군이 그를 잡으면 죽임을 당할 거라는 걸 알았지만. 어느 날 밤, 그는 총과 해먹만 챙겨서 수용소에서 살금살금 기어 나왔어. 몇 달 동안, 그는 자신이 있는 곳이 어디인지 모른 채 과일과 이따금 잡은 생선으로 연명하면서 혼자 정글을 헤맸어.

그가 마침내 한 수용소를 우연히 발견했을 때, 그는 굶주림으로 거의 죽어 가고 있었어. 아른은 그의 총을 던져 버리고, 자신이 항복하는 상대가 크메르 루주군인지 베트남 군대인지 알지 못한 채 머리 위로 손을 들어 올리고 안으로 걸어 들어갔어. 그는 운이 좋았어. 국경을 넘어 태국으로 넘어가는 길에 난민수용소를 발견한 거야. 그곳은 캄보디아의 폭력에서 도망쳐 온 사람들로 가득했어.

결국 한 미국인 국제 구호원이 아른과 두 명의 캄보디아 어린이를 미국으로 인도하는 데 성공했어. 정글 속 오두막 대신, 아른은 뉴햄프셔의 크고 새하얀 집에서 살게 되었어. 하지만 아른에게 삶은 여전히 쉽지 않았어. 그는 영어를 못했고 학교에서 놀림을 당하고 비웃음을 받았어. 1980년, 베트남 전쟁은 많은 미국인에게 최악의 기억이었고 그들은 아시아인이라면 일단 의심했거든.

아른의 양아버지는 아른의 사연을 사람들과 나눈다면, 사람들의 태도를 바꾸는 데 도움이 되리라 생각했어. 아른과 양아버지는 함께 짧은 연설을 준비했고, 그의 가족이 다니는 교회에서 연설하기로 했어. 아른은 아직 영어가 서툴렀기 때문에 모든 문장을 외워야만 했지. 그 주 일요일, 아른은 신자들 앞에서 연설했는데, 연설을 시작한 지 얼마 되지 않아 울기 시작했어. 교회를 둘러보면서 그는 다른 사람들도 모두 울고 있다는 걸 깨달았지.

아른은 열여섯 살 때, 전쟁의 아이들(Children of War)이라는 단체가 설립되도록 도왔어. 전 세계 전쟁 지역에서 탈출한 마흔두 명의 십 대가 모인 단체야. 그들의 계획은 십 대들이 미국 전역을 함께 순회하면서, 학교와 청소년들에게 전쟁과 폭력에 관해 알리는 거였어.

하지만 우선 그들은 서로에 대한 불신을 극복해야 했어. 전쟁의 아이들에 속한 일부는 서로 철천지원수 사이인 나라에서 온 아이들이었으니까. 첫날, 아른은 버스에서 베트남 소년 옆에 자신이 앉아 있다는 걸 알았어. 베트남 병사들과 싸운 기억이 물밀 듯이 되살아났지. 그는 캄보디아 전쟁터에서 죽은 친구가 떠올랐어. 곧, 그와 베트남 소년은 서로에게 소리를 질러댔어. 하지만 투어가 끝날

즈음, 아이들은 비록 그들이 다른 나라에서 왔을지라도 그들 모두 공통점을 가졌다는 걸 깨달았어. 전쟁이 그들의 가족을 빼앗았으며 정부는 그들이 서로에게 적개심을 품게 했다는 걸 말이야. 그들은 작별인사를 말할 때, 서로를 끌어안고 울었단다.

풀밭 위의 정의로 치유하다

과거에는 전쟁에서 사람들 사이의 경계선은 대개 국가 간의 실제 국경이었어. 제1차 세계 대전과 제2차 세계 대전에서 서로 싸운 독일과 프랑스를 떠올리면 돼. 하지만 오늘날 많은 분쟁이 한 국가 안에서 다른 종교를 믿거나 다른 민족에 속한 사람들 사이에서 일어나. 사람들이 분노와 증오 그리고 두려움으로 가득 찼을 때, 즉 '우리'와 '그들'이라는 생각을 통제할 수 없을 때, 그들은 서로를 하나의 인간으로 바라보지 못해. 그렇게 되면 사람들은 집단 학살 같은 끔찍한 일을 저지르기도 해. 20세기 가장 처참한 집단 학살 중 하나는 아프리카의 르완다에 일어났어.

르완다는 아프리카 중동부에 있는 작은 나라야. 약 24,000제곱킬로미터(우리나라 전라도보다 조금 큰 면적) 정도로, 1994년에 인구 800만 명을 넘었어. 국민 대다수는 르완다의 비옥한 토양에서 작물을 경작하는 농부였어. 1994년 4월 6일, 대통령을 태운 비행기 한 대가 르완다의 수도인 키갈리 상공에서 격추됐어. 르완다의 두 주요 종족인 후투족과 투치족은 대통령 암살을 두고 서로를 비난했지. 며칠 만에 분노가 들끓었고 무장한 후투족이 키갈리를 점령하고 투치족을 학살하기 시작했어. 그 후 3개월 동안 거의 만 명의 투치족이 르완다에서 살해당했어. 아이들과 갓난아기까지 포함해 마을 전체가 몰살됐지 오랫동안 평화롭게 함께 살아온 사람들이 갑자기 투치족이라는 이유만으로 이웃을 죽인 거야.

집단 학살은 투치족이 주도한 무장 세력인 르완다 애국전선이 국토를 평정한 후에야 끝났어. 그리고 나서 후투족 학살범들('집단 학살을 저지른 자들'이라는 의미)은 징역형을 받거나 나라에서 도망갔어. 하지만 르완다는 커다란 문제에 맞닥뜨렸어. 어떻게 수십만 명의 사람에게 정의를 선사할 수 있을까? 감옥에서 기다리는 수많은 사람에게 사법 제도는 너무 느리거든. 그래서 새로운 르완다 정부는 전통적 사법 형태를 부활시키는 것이 답이라고 판단했어. 그건 르완다에서 '가차차'라고 불리는 독특한 형태의 공동체 회복적 정의 회의의 일종이었어.

가차차는 키냐르완다어로 '풀'이나 '언덕 꼭대기'라는 뜻이고, 가차차 법정은 '풀밭 위의 정의'라고 번역돼. 전통적인 르완다 사법 제도에서, 범죄가 일어나면 마을의 연장자들이 회의를 소집하고 마을 사람들이 모두 함께 보상을 위해 가해자가 무엇을 해야 할지를 결정해. 르완다 정부는 25만 명의 사람을 가차차 판사로 교육했고, 전국 각지 11,000개의 도시와 마을에서 공동체 구성원이 학살자들의 자백을 듣기 위해 모이기 시작했어. 가차차 법정에 선 사람들은 주 법원이나 유엔이 설치한 르완다 국제형사재판소로 가야만 하는 집단 학살의 지도자나 조직책이 아니었어. 가차차 제도의 목표는 공동체가 치유되도록 하는 것이므로, 학살자들이 살인이나 구타를 자백했을 때 그들은 감형을 받았어. 대개 가차차의 판사들은 범죄자가 공동체 재건을 도와야 한다고 결정했는데, 이를테면 학교나 병원 보수, 새로운 주택 건설 혹은 지역 농장에서의 노동을 의미했어. 2008년까지 가차차 법정은 르완다에서 10만 건이 넘는 사례(자백)를 들었어.

정의까지 한걸음 더
제노사이드* 란 무엇인가?

제노사이드(GENOCIDE)라는 단어는 "인종 간 살인"이라는 뜻의 두 단어에서 비롯되었어(제노스(genos)는 고대 그리스어로 인

*제노사이드: 집단 학살. (옮긴이 주)

종 혹은 부족을 뜻하며, 사이드(cide)는 라틴어로 살인이라는 단어에서 유래했어). 이 단어는 제2차 세계 대전 동안 나치가 유럽에서 수백만 명의 사람을 고의로 살해한 것을 설명하기 위해 1944년에 처음으로 사용되었어.

전쟁 후, 유엔은 국제법에 따라 집단 학살을 범죄라고 공표했으며, '제노사이드 범죄의 방지와 처벌에 관한 협약'은 41개국의 지지와 함께 1951년에 시행되었어. 그 이래로, 100여 개국 이상이 집단 학살을 반인류적인 범죄라고 동의했어. 애석하게도 이것이 집단 학살이 더 이상 일어나지 않는다는 뜻은 아니야. 1948년 이후 적어도 20건의 집단 학살이 전 세계에서 일어났으니까.

유엔이 제노사이드를 규정하는 방식은 다음과 같아.

전부나 부분적으로든 국가나 민족, 인종 혹은 종교적 집단을 말살할 의도로 저질러진 아래의 어떠한 행위:

- 집단 구성원 살해
- 집단 구성원에게 가한 심각한 신체적 혹은 정신적 위해
- 전부 또는 부분적으로 신체적 파괴를 초래하도록 계획된 생활 조건을 집단에 고의로 부과하는 것
- 집단 내의 출생을 방지하기 위해 의도된 조치를 부과하는 것
- 집단의 아동을 강제적으로 타 집단으로 이동시키는 것

살인, 자비 그리고 우정

유자바키리호 테레스폰과 엔기렌테 필리프는 가차차 청문회에서 만났어. 유자바키리호는 후투족이고, 엔기렌테는 투치족이야. 집단 학살이 벌어졌을 당시, 둘은 같은 마을의 십 대였고 13년 동안 서로 만난 적이 없었지. 투치족에 대한 폭력이 시작되었을 때, 엔기렌테의 아버지는 자녀들을 가족 친구들의 집에 숨겼어. 그다음에 그는 바나나 농장으로 대피하려고 했지. 그곳에서 마체테 칼로 무장한 유자바키리호가 그를 발견했어. 엔기렌테의 아버지는 부양해야 할 아이가 다섯이 있다고 말하며 살려 달라고 간청했지. 유자바키리호는 만약 그가 아이들을 발견한다면 그들을 죽일 거라고 말했어. 그러고는 나이든 사내의 머리를 베었지.

엔기렌테와 그의 누이는 아버지가 살해된 걸 발견하고 엄청난 충격을 받았지만 가까스로 집단 학살에서 살아남았어. 그 후 엔기렌테는 대학에 갔고 법을 공부했어. 가차차 법정이 열렸을 때, 그는 자기 마을에서 일하겠다고 자원했어. 그는 학살범들에게 그들의 이야기를 솔직하게 말하고 그들이 해친 사람들에게 용서를 구할 것을 장려하면서 재판 준비를 도왔어. 하지만 가차차 법정에 선 유자바키리호가 엔기렌테의 아버지를 어떻게 살해했는지를 묘사할 때, 엔기렌테는 자신의 분노를 어떻게 극복할 수 있을지 그리고 유자바키리호가 다시 마을로 돌아오는 걸 어떻게 환영할 수 있을지 알 수 없었어.

유자바키리호는 자신이 살해한 남성의 아들이 법정에 있다는 사실을 알았을 때 겁에 질렸어. 집단 학살 후, 그는 나라에서 도망쳤지만 다시 르완다로 돌아와 자수했어. 그가 가차차 청문회에 자신의 이야기를 들려주러 나왔을 당시엔, 이미 감옥에서 수년간 복역한 상태였어. 많은 학살범과 마찬가지로, 유자바키리호는 사람들이 자신이 한 일을 알고 나서 복수하려 들까 봐 걱정했어. 그래서 재판 후 엔기렌테가 유자바키리호에게 다가와 그의 아내와 가족을 소개해 주겠다며 집으로 초대했을 때, 유자바키리호는 자신이 함정에 빠지는 건 아닌지 의심했지.

엔기렌테가 상상할 수 있는 한, 유자바키리호와 이야기를 나누고 서로 알게 되는 것이 그의 아버지에게 일어난 일을 받아들이는 유일한 방법이었어. 재판 후 몇 달이 지나고, 결국 유자바키리호는 엔기렌테의 초대를 받아들였어. 그는 음식과 포도주를 가져왔고, 엔기렌테와 그의 부인에게 자신을 용서해 달라고 말했어. 놀랍게도 엔기렌테는 그의 아버지를 죽인 자를 용서했고, 두 젊은이는 현재 친구이자 동료로 지내고 있어.

증오의 역사 극복하기

북아일랜드에서는 두 종교 집단 간의 격렬한 갈등이 수백 년 동안 계속됐어. 개신교와 가톨릭교는 영국 군대가 아일랜드를 점령한 1600년대부터 나라의 통치권을 두고 서로 싸워 왔지. 가톨릭교도들은 영국 개신교도에게 지배받는다는 사실에 분개했으며 아일랜드로 분리해 독립적인 나라가 되기를 원했어. 20세기 중반, 이런 의견 충돌은 더 맹렬해졌어. 양쪽 진영의 극단주의자들이 자체적으로 무장단체(스스로 작은 부대를 결성한 평범한 시민들의 단체)를 조직했어. 이 단체들은 거리에서 서로를 공격하며 싸웠고, 가톨릭교도들은 평화를 수호하고 영국 통칙을 시행하려는 영국 병사들과 맞서 싸웠어.

1960대부터 1990년대까지 북아일랜드는 위험한 지역이었어. 총격과 폭격, 납치, 구타, 협박 등이 빈번하게 일어났지. 많은 사람이 밤에 집 밖으로 나가기를 두려워했고, 가톨릭교도들은 개신교 거리에 가는 것을 겁냈으며 개신교도들은 가톨릭교도의 상점에 함부로 들어가지 않았어. 수천 명의 무고한 사람이 죽었지. 아일랜드 사람들은 이 암흑의 시간을 '고난기(The Troubles)'라고 불러.

지금 고난기는 끝났어. 성 금요일 협정(the Good Friday Agreement)이라는 평화협정이 1997년에 체결되었거든. 하지만 북아일랜드 사회는 여전히 분열되어 있어. 가톨릭교도와 개신교도는

총격과 **폭력**, **납치**,
구타 그리고 **협박** 등이
빈번하게 일어났다.

많은 사람이
밤에 집 밖으로
나가기를
두려워했다.

각자의 마을에 살며 그들만의 상점과 학교에 다녀.

2011년, 모너헨에 사는 한 무리의 청소년은 젊은 가톨릭교도와 개신교도가 서로 만날 수만 있다면 친구가 될 수 있다고 판단했어. 하지만 학교 외에는 젊은이들이 어울릴 만한 공간이 어디에도 없었는데, 학교마저도 개신교와 가톨릭교 학교가 분리되어 있었지. 그들은 그들만의 장소가 필요했고, 그런 공간을 만들기 위해 지방 정부를 설득해야 했어. 정부는 도시의 모든 청소년을 무시할 수 없다고 판단하고, 청소년들의 생각이 무엇인지를 밝히는 설문 조사를 준비했어. 가톨릭교와 개신교가 공유 공간에서 함께 어울릴 수 있을까? 그들은 교사들을 설득해서 학급에 설문 조사지를 나눠 주었고, 페이스북과 텀블러*에 게시했으며 길모퉁이에 서서 아이들에게 설문 조사 작성을 요청했어. 마침내 그들은 1000명이 넘는 아이들이 참여하게 했지.

그 결과는? 설문 조사에 응답한 거의 모든 청소년이 친구를 사귈 때 종교는 중요하지 않다고 응답했으며, 아주 소수는 다른 종교를 가진 사람을 알고 있다고 답했어. 그리고 도시에 젊은이들이 서로 만나서 친구를 만들 수 있는 장소가 필요하다는 점에 모두가 동의했지. 그들이 옳았어. 정부는 그들을 모른 척할 수 없게 되었지.

얼마 지나지 않아, 모너헨 평화 카페가 설치되었어. 양 종교의 십

---

*텀블러: 마이크로블로그의 일종. (옮긴이 주)

대들이 서로 어울리고 잡담을 나누며 새로운 친구를 사귈 수 있는 가벼운 장소지. 그리고 가톨릭교와 개신교 사이의 장벽이 허물어지기 시작했어.

정의까지 한걸음 더
축구로 멈춘 폭력

작고 사람들이 꽉 찬, 전쟁으로 피폐해진 팔레스타인에서 축구를 할 안전한 장소를 찾는 일은 일종의 도전이야. 그리고 최근까지 그 일은 소녀들이라면 훨씬 어려운 일이었지. 소녀들을 위한 축구리그가 없었거든. 리자 무슬리는 2004년에 자신의 나라에서 첫 여성 청소년 축구팀을 창단함으로써 이 관행을 바꾸는 데 이바지했어.

스포츠에서 소녀들에 대한 태도가 어떻게 바뀔 수 있는지를 목격한 그녀는 자신이 원하는 다른 변화들에 대해서도 생각하기 시작했어. 그녀의 조국과 이스라엘 사이의 평화 같은 변화들 말이야.

2008년, 리자는 흔치 않은 혼성 축구팀에 합류했어. 선수 중 절반은 소년이고 절반은 소녀였으며, 절반은 팔레스타인인 나머지 절반은 이스라엘인이었어. 팀은 이스라엘에서 연습했기 때문에 리자와 팔레스타인 선수들은 그곳에 가기 위해 동이 트기 무섭게 일어나서 부대 검문소를 통과해 이스라엘로 가는 국경을 넘어야만 했어. 몸은 고단했지만 가치가 있었지. 그들은 남아프리카의 2010년 FIFA 월드컵의 행사 중 하나인 '희망의 축제를 위한 축구(the Football for Hope Festival)'에 참가하는 전 세계에서 온 아이들과 겨루기 위해 훈련했어.

리자의 팀에게는 극복해야 할 많은 장애물이 있었어. 선수들은 언어가 달라 의사소통이 어려웠고, 소녀와 소년들은 그 전에 함께 경기해 본 적이 없었어. 그들은 다른 나라에서 온 선수들을 신뢰할 수 있을지조차 알지 못했지. 하지만 그들은 움직임을 연습하고 훈련하면서 천천히 서로에게 마음을 여는 법을 배웠어. 아이들이 남아프리카에 갈 시간이 되었을 때, 그들은 진정으로 한 팀이 되어 있었어. 그들은 경쟁에서 이기지는 못했지만 함께 경기했다는 것만으로도 승리한 듯한 기분이 되었어. 축구가 그들이 편견과 두려움 그리고 폭력의 오랜 역사를 극복할 수 있도록 도와준 거야.

2011년, 리자는 스포츠를 통해 평화와 평등을 전파한 공으로 국제 아동 평화상 후보에 오르기도 했어.

총 소리가 없는 날

콜롬비아에는 마예를리 산체스 같은 젊은 운동가가 평화를 건설하기 위해 수년 동안 활동하고 있어.

마예를리는 그녀와 친구들이 열네 살일 때 시작한 평화를 위한 청소년 운동(the Children's Movement for Peace) 지도부의 한 명이야. 그들의 동호회는 소규모로 시작했어. 아이들은 지역 공원에서 만나 평화와 관용에 관한 그들만의 계획을 적고 수행했지. 처음에는 다른 아이들을 동호회에 가입하라고 설득하기가 어려웠어. 마약상, 조직 폭력, 내전은 콜롬비아의 일상이었고, 사람들은 그런 것들을 발설하기 두려워했거든. 마예를리는 좌절과 절망을 느꼈다고 해. "어머니가 살해당한 아이가 있다면, 당신은 그에게 평화에 관해 이야기할 수 있겠는가?"

1996년, 마예를리는 유니세프가 후원하는 국가 회의에 초대받았는데, 그곳에서 그녀는 콜롬비아 전 지역에서 온 다른 청소년 평화 운동가들을 만났어. 회의에서 마예를리와 다른 참가자들은 큰 꿈을 가졌어. 콜롬비아가 국가 평화 청소년 투표를 개최하면 어떨까? 이는 청소년들이 콜롬비아의 성인들에게 그들이 지역 폭력을 멈추기를 원한다고 말할 기회가 되었지.

일 년도 되지 않아, 청소년 투표가 시행되었고 콜롬비아의 모든 마을과 도시에서 온 3만 명의 청소년이 평화를 위한 투표를 하려고 투표소로 갔어. 투표에 앞서 마예를리와 그녀의 친구들은 그들이 할 수 있는 방식으로, 갱들에게 하루만 총을 내려놓고 아이들이 평화롭게 투표하러 갈 수 있도록 해달라고 호소하는 글을 썼지. 그리고 그들은 그렇게 해 주었어. 이날은 40년 만에 콜롬비아에서 폭력이 일어나지 않은 첫날이었어.

거의 10만 명의 청소년이 평화 운동에 가입했고, 매달 더 많은 아이가 등록했어. 회원들은 그들의 삶과 공동체에서 폭력을 끝내고 평화를 가져올 새로운 방법을 항상 찾고 있어.

6

미래를 위한 희망 만들기

회복적 정의를 향한 첫걸음은 더 이상 의견이 없는 사람까지 포함해서
모두의 의견을 듣는 과정이 반드시 필요해.

아이들과 웃음이 사라진 마을_북우간다

다니엘은 저 멀리 있는 작은 막사촌을 발견했다. 그는 타고 있던 자전거의 방향을 틀어 그 마을로 향하는 좁은 진흙탕 길로 들어섰다. 그가 마을 중심부에 도착했을 때, 출입구 쪽에서 호기심 어린 시선들이 그를 쳐다보았지만 밖으로 나와 그를 환영하는 사람은 한 명도 없었다. 다니엘은 이런 냉대에 놀라지 않았다. 여기는 수년 동안 격렬한 테러를 겪은 후, 이방인을 경계하게 된 북우간다이기 때문이다. 그들에게 있어 위험해 보이지 않는 진흙투성이 자전거를 탄 십 대라 할지라도 신뢰하기에는 부족하다.

다니엘은 아까시나무에 그의 자전거를 조심스럽게 기대어 놓고, 가방에서 클립보드와 펜을 꺼내 들었다. 그는 가까이 있는 작은 토담집 문을 두드렸다. 아기를 안은 여성이 밖을 엿보았지만 말을 하지는 않았다. 다니엘은 목청을 가다듬었다.

그는 우간다어로 정중하게 나이든 여성에게 "좋은 아침입니다, 부인"이라고 인사를 건넸다. "안녕하십니까? 저는 다니엘 오켈라 키타라라고 하며 조정자 아이들이라는 단체에서 왔습니다. 우리는 신의 저항군과의 전쟁으로 얼마나 많은 아이가 죽거나 실종되었는지 확인하고자 조사를 하고 있습니다. 몇 가지 질문을 드려도 될까요?"

그녀는 "무엇을 알고 싶은가요?"라고 작은 소리로 말했다.

"부인, 이 가정에서 전쟁으로 인해서 죽거나 실종된 아이가 있는지 알고 싶습니다."라고 다니엘은 말했다.

한참의 시간이 흐른 뒤, 그녀는 "네, 두 명이에요. 이 아이의 큰 형과 누나가 실종되었어요. 5년 전 군인들이 그들을 빼앗아간 후로 그 아이들을 보지 못했습니다."라고 나지막이 대답했다.

다니엘은 아이들의 이름, 실종 당시 나이, 그리고 언제 어떻게 그들이 납치당했는지를 기록했다. 그러고 나서 그는 "부인, 당신 아이들에 대해서 아무거나 말하고 싶은 게 있다면 기록하겠습니다. 우리가 이러한 조사를 하는 이유는 이 전쟁으로 인해서 얼마나 많은 아이가 고통받고 있는지 우간다가 결코 잊어버려서는 안되기 때문입니다."라고 말했다.

그녀는 얼굴에 눈물이 흘러내렸지만 미소를 띠며 대답했다. "오, 내 아들은 재밌는 아이였어요. 그는 항상 농담하고 우리를 즐겁게 하는 것을 즐겼습니다. 우리 딸은 매일 아침 노래를 불러서 '작은 새'라고 불렸습니다."

다음 집으로 가기 위해 떠나기 전, 다니엘은 이야기해 준 그녀에게 감사의 말을 전했다. "부인, 우리는 잃어버린 아이들을 기리기 위한 추모비를 굴루에 있는 도시 광장 중심에 세우려고 합니다. 추모비가 완성되면 와서 보시기 바랍니다." 그는 떠나면서 무엇이 이 마을과 그가 조사 중에 만난 사람들을 그토록 이상하게 만들었는지 깨달았다. 그곳은 웃음도 노랫소리도 들리지 않았다. 그것들은 아이들과 함께 사라진 것이다.

정의까지 한걸음 더
전쟁의 상처를 극복한 아이들

조정자 아이들 그룹에 속한 젊은 연구자들은 신의 저항군 혹은 LRA라고 하는 악랄한 테러 단체가 일으킨 수년간의 범죄로 고통받는 우간다인을 조사했어. 그리고 그중에서도 가장 심하게 고통받은 것은 아이들이라는 사실을 입증했지. 요셉 코니가 이끄는 LRA는 1986년부터 2006년까지 20년간 마을과 농장을 불태우고 우간다 전역에서 살인, 폭행 그리고 테러를 저질렀어.

그들은 군인이 더 필요한 경우 아이들을 납치하여 강제로 반란군이 되도록 했어. LRA는 66,000명의 우간다 아이들을 가족으로부터 빼앗았으며, 아이들을 고문하고 마약에 빠지게 하여 그들을 위해 싸우게 하거나 노예로 삼았지. 그로 인해 많은 아이가 범죄, 질병, 배고픔 혹은 방치로 목숨을 잃었어.

굴루의 작은 도시에서는 전쟁 기간 동안 10,372명의 사람이 죽거나 실종되었어. 사라진 사람 열 명 중 일곱 명은 아이 혹은 18세 이하 청소년이었어. 수천 명 이상의 젊은 사람이 그들의 집과 가족을 잃었으며 굶주림과 계속되는 납치의 두려움 속에서 살아야만 했지. 굴루의 젊은 사람 중 LRA의 범죄로부터 영향을 받지 않은 사람은 아마도 없을 거야.

하지만 우간다에 대한 조사는 젊은 사람들이 회복되었고 회복될 수 있다는 것도 입증했어. 자전거를 타고 구역 사이를 다니면서 사망자와 실종자의 이름을 조사하는 많은 수의 조사자가 전쟁 기간 동안 납치된 군인이거나 난민 캠프를 떠날 수밖에 없었던 사람들이었거든. 그들은 이제 그들의 사회로 돌아와 평화를 위해 일하기로 한 거야.

전통에서 발견한 정의 바로 세우기

오늘날 많은 젊은이가 자기네 문화와 역사를 되찾고 명예롭게 하는 일을 하고 있어. 이는 사람들이 전쟁과 갈등에 어떻게 저항하고 고통받았는지에 대한 기억들이 잊히거나 호도되지 않도록 한다는 뜻이기도 해. 또한 젊은 사람들에게는 거의 잊힌 문화적 전통을 배우기 위해 조상을 찾는다는 것을 의미하기도 하지.

캐나다의 태평양 연안에서 헤일츠크 공동체에 속한 퍼스트네이션 젊은이들은 그들 문화의 전통적 사법 실천들을 되살리는 일을 하고 있어. 이전 시대의 조상들은 헤일츠크 공동체의 구성원이 누군가를 다치게 하거나 범죄를 저지르면 치유 모임을 소집해 공동체의 균형을 되찾을 방법을 찾았어. 가끔은 범죄자를 공동체에서 한동안 추방하기도 했지.

1950년대에 헤일츠크 공동체는 그들의 전통을 포기하고 경찰, 판사, 감옥을 의미하는 백인들의 캐나다식 정의를 받아들이도록 강요받았어. 그러고 나서 1979년에 한 판사는 문제가 있는 브리티시 콜롬비아의 벨라벨라 타운 출신의 한 젊은 청년을 헤일츠크 공동체가 어떻게 도울지 결정하도록 허락했어.

프랭크 브라운은 열다섯 살로, 헤일츠크의 구성원이었으며 심각한 강도와 폭행으로 유죄 판결을 받았어. 그는 감옥으로 향하는 중이었지만 공동체의 원로 일부가 전통적인 사법을 통해서 프랭크를 도울 기회를 달라고 요청했고 판사는 그 제안을 받아들였지. 그 후 얼마 지나지 않아, 헤일츠크 치유 모임에서 원로들은 프랭크에게 공동체가 다시 받아들여 주길 원한다면, 외딴섬으로 추방되어 8개월간 홀로 야생에서 생활해야만 한다는 것을 설명했어.

공동체 구성원들은 가끔 프랭크를 찾아가 음식을 전해 주고 그가 고립된 생활을 잘 견뎌내고 있는지 확인했어. 프랭크는 스스로 사냥하고 주거지를 만들고, 그의 본능과 전통적인 방법에 의존해야 하는 것에 두려움을 느꼈다고 해.

그 경험은 프랭크를 바꿨어. 추방 기간이 끝난 후 프랭크는 고등학교를 졸업하고 대학에 진학했어. 1986년 프랭크는 전통 카누의 노를 젓는 헤일츠크 카누 선수들로 구성된 탐험대를 이끌고 밴쿠버까지 300킬로미터를 내려왔어. 그 여행은 역사적으로 외항선원이던 헤일츠크인의 자긍심을 되살리는 데 도움을 주었지. 일 년 뒤

프랭크는 공동체에 다시 받아들여지기 위해서
8개월간 야생에서
홀로 지내야만 했다.

프랭크는 벨라벨라의 젊은 사람들이 법적인 문제에서 벗어나고 전통적인 기술을 배울 수 있도록 도와주기 위해서 헤일츠크 재발견 프로젝트를 시작했어.

사람과 기업 간의 갈등을 풀어라!

인간은 갈등을 해결하고 정의를 실현하며 서로 평화를 유지하게 해 줄 수많은 방법을 개발해 왔어. 그리고 우리는 항상 조화를 이루는 새로운 방법을 찾아냈지. 하지만 우리가 오늘날 맞닥뜨리는 갈등이 반드시 사람들 사이에서만 일어나는 것은 아니야.

예를 들어 사람과 기업 간의 갈등은 어떨까? 어느 질병에 대한 외딴 부족의 자연치유법을 조사하기 위해 직원을 보내는 거대 다국적 약품회사를 상상해 보자. 약품회사의 과학자들은 해당 치료법이 효과적이라는 것을 발견하고 시장에 내놔. 그들은 많은 돈을 벌면서도 부족민들한테는 아무 비용도 지불하지 않고 말이야. 이것이 공정하다고 생각하는 사람들은 많지 않겠지만 실제로 흔히 일어나는 일이며, 그것을 막을 법은 없어.

어떤 관례들은 법을 어기지는 않지만 그러한 활동들이 사람, 동물, 그리고 지구를 해롭게 한다는 것에 많은 사람이 동의해. 벌채, 강에 댐을 세우는 일, 파괴적인 어업 관행, 환경을 파괴하는 기름

유출, 광산으로부터 유출되는 유독성 물질, 호수와 야생을 오염시키는 산업 공장 등이 그래. 거대한 산업공해 유발자에게 책임을 묻는 건 어렵겠지만, 기업들이 보상하게 만들기 위해서 회복적 정의를 적용할 수 있을까?

전 지구적 차원의 문제는 이제 우리의 세상을 다시 균형 있게 되돌리는 거야. 부분적인 답안은 기업과 자연을 대변하는 집단 모두가 세계의 환경문제에 대한 해결책을 찾는 데 관심이 있다는 것을 보여 주는 것일 수 있고.

자연을 위해서도 작동하는 회복적 정의

2011년, 뉴질랜드의 해밀턴 시에서는 인간의 배설물 9만 리터를 와이카토 강으로 방출했어. 그건 소변과 대변으로 약 90세제곱미터의 대형 수영장을 채우기에 충분한 양이야. 주 정부는 강을 오염시킨 해밀턴 시를 대상으로 60만 달러(약 6억 7000만 원)의 벌금을 부과할 수도 있었지만 지역 환경운동가 그룹은 그 금액으로 더러워진 와이카토 강을 어떻게 도울 수 있는지 알 수 없었어. 따라서 그들은 새로운 제안을 했지.

그들은 재판 대신 정부에 회복적 정의 회의를 열도록 요청했어. 하지만 피해자인 와이카토 강이 어떻게 재판에 참여할 수 있을까?

사람이 아닌
피해자,
와이카토 강은

어떻게
재판에 참여할 수

있을까?

환경운동가들은 창의적인 해결책을 가지고 있었어. 와이카토 강 증진 협회의 회장이 강의 입장이 되어, 회의에서 시의 과실로 인하여 강이 얼마나 심각한 영향을 받았는지를 모두에게 설명했어. 시 의원들은 가해자의 역할을 맡았어. 그 이유는 시의 폐기물이 적절하게 다루어지도록 관리 감독하는 것이 그들 업무의 일부이기 때문이야.

피해자인 강과 가해자인 시는 강을 깨끗이 하고 조금 더 자연 상태로 복구할 수 있도록 도울 계획을 세웠어. 그들은 시가 보상으로 나무들과 야생식물들을 강둑을 따라서 심는 것에 합의했어.

이 사례는 다른 환경운동가들이 인간이 아닌 피해자들의 권리를 위해 싸울 때 회복적 정의를 어떻게 사용할지에 대하여 생각하도록 했어. 그리고 아직 태어나지 않은 희생자도 고려하도록 만들었지. 원전 사고 같은 환경 범죄는 몇 세대에 걸쳐 영향을 미쳐. 앞으로 태어날 아이들에 대해선 누가 이야기할 수 있을까? 오늘날 회복적 정의 전문가들은 이러한 이슈들과도 싸우고 있어.

세상에서 가장 용감한 연주자

아일랜드의 벨파스트 시 청년 오케스트라 멤버 중 한 명은 스테판 파커 기념상을 받았어. 이 상은 가장 훌륭한 연주자에게 돌아가는 상이 아니라 "가장 열심히" 노력한 누군가에게 주는 상이거든.

스테판 파커는 매우 열심히 노력했고 그의 가족은 상을 제정할 때 그러한 면을 기리기 원했어. 그는 자기 음악에 최선을 다했고 다른 이들을 구하기 위해 최선을 다하다가 생을 마감했어.

1972년, 스테판은 열네 살이었고 벨파스트에 있는 그의 집 근처 작은 식료품점에서 배달원으로 생애 처음으로 일을 하게 되었어.

7월 어느 금요일 오후, 그는 가게 바깥쪽 햇볕 아래 서 있으면서 뭔가 이상함을 느꼈어. 차 한 대가 끼익하는 소리를 내며 가게 앞에 섰고 운전자는 차 밖으로 나와 문도 잠그지 않은 채 달아났어. 이는 범죄가 일상이 되어 버린 아일랜드의 내분 때문이었어. 스테판은 수상했어. 그는 앞으로 나아가 차를 가까이서 보았고 뒷자석에서 큰 덩어리를 발견했어. 스테판은 자신이 보고 있는 것이 폭탄이라는 것을 깨달았지.

스테판은 도망칠 수 있었지만 손을 흔들고 소리를 질러 사람들을 대피시켰어. "이 차가 위험한 것 같아요!"

몇 초 후 폭탄이 터졌고, 폭발로 인해 식료품점은 산산조각이 났어. 수십 명의 사람이 다쳤으며 스테판은 사망했어. 그것은 아일랜드 공화국군(아일랜드의 독립과 영국군 축출을 위해 싸운 단체)이 그날 설치한 스물일곱 개의 폭발물 중 하나였어. 이 폭탄으로 인해 수백 명의 사람이 다치거나 사망했어. 1972년 7월 21일은 아일랜드의 피의 금요일로 알려져 있으며 그 나라 역사상 가장 폭력적인 날로 기억되고 있지.

스테판은 평화 운동가 집안 출신이야. 그의 부모님은 그의 용감한 생애를 기리고 다른 이들도 음악을 통해서 계속 노력하며 아일랜드의 평화로운 미래를 위해 일하게 하도록 그의 이름으로 된 상을 제정하기로 결정했어.

어떤 때에는 정의가 실현되지 못해. 범죄, 전쟁 혹은 탄압의 피해자 대부분은 그들에게 상처를 준 사람들을 절대 알지 못할 거야. 피해자들 눈을 바라보며 "죄송합니다"라고 말하는 사람은 아무도 없을 거야. 무슨 일이 일어난 것일까?

치유의 여행을 마치며

이 책을 쓰는 동안 나는 범죄의 피해자가 되었어. 다행히도 그리 큰 범죄는 아니었고 아무도 다치지 않았지만, 그것은 나에게 정의 구현에 관해 새롭게 생각하도록 이끌었지.

어느 날 밤, 나는 지역 도서관에서 일하고 있었고 머릿속은 내가 읽은 범죄와 정의에 관한 이야기로 어수선한 상태였어. 집으로 가기 위해 자전거를 타려고 했는데 자전거가 왠지 달라 보였어. 내가 보는 것이 무엇인지 알아채는 데는 1, 2초 정도 걸린 것 같아. 자전거 손잡이가 사라진 거야.

좀 더 가까이 보니 손잡이뿐만 아니라 브레이크도 없었어. 너무 화가 났어. 손잡이와 브레이크가 없는 자전거는 아무짝에도 쓸모가 없으니까. 도대체 어떤 도둑이 내가 가장 좋아하는 이동수단을 훔쳐갔을까?

자전거를 수리하는 데 큰 비용이 들었고 며칠이 걸렸어. 그 후로는 자전거를 공공도서관 바깥에 세워두는 것이 안전하게 느껴지지 않았어. 도서관에 갈 때는 버스를 탔지. 난 내 자전거를 무척 타고 싶었어. 나는 버스로 이동하는 동안, 그 도둑만 아니었다면 답답한 버스 안에 갇혀 있는 대신 자전거를 타고 기쁘게 거리를 오갔을 거란 생각에 분노하면서 시간을 보냈어.

그리고 많은 질문을 떠올렸지.

"도둑은 왜 내 자전거를 골랐지?"

"그 부품들을 가지고 그는 무엇을 했을까? 팔았을까? 아니면 단지 짓궂은 장난을 친 걸까?"

"도둑은 전에도 이런 짓을 한 적이 있을까?"

"이런 짓을 또 할까?"

다행히도 대부분의 사람은 안전한 나라와 도시에서 살아. 거리에 나갔을 때, 총을 맞거나 폭행당할까 봐 걱정하지 않아도 돼. 하지만 도서관은 수많은 노숙자와 정신병자, 약물 중독자가 사는 도시 근처에 있어. 그리고 그들의 삶은 내가 사는 곳보다 훨씬 위험하고 사정이 어려워.

내가 그 도둑에 대하여 더 많은 것을 생각하게 되자, 나는 '그 도둑'의 생활이 어떨지 궁금해지기 시작했어. 그 사람은 집이 없을까? 음식이나 약을 사기 위해서 내 자전거 부품을 판 건 아닐까?

내게 필요한 것은 그 도둑과 회복적 정의 만남을 가지는 거였어. 하지만 내 자전거 부품을 훔쳐간 도둑을 잡지는 못했어. 그리고 앞으로도 잡힐 것 같지는 않아. 미국 FBI에 따르면 범죄자 검거율은 20퍼센트가 되지 않는다고 해. 설령 누군가를 절도범으로 체포한다고 하더라도 그가 나를 만나는 데 동의하리란 보장도 없고 말이야. 체포되어 재판에 부쳐진 열 명의 범죄자 중 아홉 명이 결국 유죄를 시인했지만, 피해자에게 "내가 당신에게 한 짓을 죄송하게 생각합니다."라고 말하는 만남을 가지는 건 법정에서 검사 대신 변호사가 유죄 답변을 읽는 걸 보는 것보다 훨씬 어려운 일이야. 나는 내 질문에 대한 답변을 들을 수 없으리란 걸 알고 있어. 내 자전거 손잡이와 브레이크를 훔쳐간 그 사람을 절대 만나지 못하겠지.

그래서 나는 궁금해졌어. 회복적 정의를 가해자 없이도 실현할 수 있을까?

나는 캘리포니아에서 쇼반 올라일리와 나눈 대화를 통해 피해자가 참석하고 싶어 하지 않을 경우, 가해자만으로도 성공적으로 회복적 정의를 실현할 수 있다는 것을 알았어. 반대의 경우에도 가능할까? 일부는 가능하다는 것이 밝혀졌어. 하와이 변호사 로렌 워커는 가해자가 알려지지 않거나 참석에 동의하지 않는 경우의 범죄 피해자를 돕는 프로그램을 만들고 있어. 로렌은 단순한 변호사가 아니야. 그녀 역시 가해자였고 (그녀는 열여섯 살에 감옥에 갔어) 범죄 피해자였어(그녀는 스물네 살에 한 남성으로부터 폭행을 당했고 가해자는 잡히지 않았어). 따라서 그녀는 가해자가 누군가에게 피해를 준 것에 대해 책임이 있다는 것을 인정하는 것이 얼마나 어려운 일인지를 알고 있고, 질문에 대한 대답을 듣지 못한 채 범죄 피해자가 두려움과 분노를 느끼며 살아가는 것이 얼마나 어려운지도 알아. 그녀가 개발하는 프로그램은 아주 단순해. 하지만 범죄를 당한 후 상처받은 삶을 살아가는 사람들을 도울 수 있지.

로렌은 '회복적 대화'라는 작은 모임을 만들었어. 모임에서 범죄 피해자들은 그들의 이야기를 들려주고 어떤 느낌이 드는지 공유해. 그러고 나면 모임 사람들이 다 같이 각자 그 사람의 치유를 돕는 방법을 결정해. 거리의 아이들을 돕는 단체에서 자원봉사 활동을 하는 것 같이 그들의 지역사회가 범죄를 유발하는 원인과 싸우는 일을 돕는 것 등이 포함돼. 참여하는 사람 대부분은 그들에게 일어난 일에 대하여 기분이 더 나아졌다고 말했어. 하지만 여전히 큰 부분이 빠졌어. 그것은 바로 그들에게 상처를 준 사람에 대한 정의야. 회복적 대화 모임에서는 비록 "죄송합니다."라는 말을 듣지 못하더라도 치유될 수 있으며 가끔은 "당신을 용서합니다."라고 스스로 말할 수 있다는 것을 피해자들이 받아들이도록 도와.

그것은 아주 훌륭하게 들렸지만 나는 하와이에서 멀리 떨어져 있었어. 나는 회복적 정의에 대하여 계속 읽으면서 생각하고 또 생각했어. 내가 다시 안전감을 가지고 자전거를 도서관으로 가져오려면 어떤 도움이 필요할까? 결국 나는 내가 사는 도시의 사람들을 다시 믿어야 할 필요가 있다고 결심했고 다시 내 자전거를 가지고 오게 되었어. 그리고 이 책을 마무리할 때까지 자전거를 이용할 때마다, 자전거를 타지 않았다면 냈어야 할 버스비를 따로 모았어. 책을 다 썼을 때, 나는 그간 모은 돈을 내가 사는 도시의 노숙자 지원 단체에 기부했어.

회복적 정의는 나에게 갈등이라는 것이 어떤 때에는 세상을 더 나은 곳으로 만들 기회를 제공한다는 것을 보여 줬어.

범죄 이면에 깔린 깊고 복잡한 이유를 이해하면, 사회와 우리 자신을 미래의 폭력과 범죄를 방지하는 데 큰 도움이 되도록 변화시킬 수 있을 거야. 우리는 우리 도시를 더 안전한 곳으로 만들기 위해 더 많은 감옥을 짓는 것이 아니라 더 많은 관리 공동체를 만들어야 해.

회복적 정의는 하룻밤 사이에 세상을 변화시키지는 않을 거야. 모든 범죄를 없애거나 전쟁을 막지도 못할 테고. 하지만 이는 사람들의 태도를 변화시키고 평화적인 사회 건설을 시작할 수 있는 강력한 방법이야. 그리고 젊은 사람과 나이 든 사람 모두가 더 나은 세상을 만들고자 노력하는 수많은 방법 중 하나지. 전 세계의 용기 있고 헌신하는 사람들이 빈곤과 인종차별에 대항하여 싸우고 있어. 학교와 교사 훈련을 통해 모든 아이가 좋은 교육 기회를 가질 수 있도록 노력하지. 모두가 깨끗한 물과 건강한 음식을 얻을 수 있도록 하고, 소녀와 여성의 평등을 위해 일해. 부당한 정부에 맞서 싸우고, 평화, 자유, 정의에 대한 말들을 퍼트리고 있어. 아직 갈 길이 멀긴 하지만, 영감을 주는 많은 사례처럼 넌 반드시 세상

갈등이라는 건,
어떤 때에는
세상을 더 나은 곳으로
만들 기회를
제공한다.

을 바꾸는 일에 도움을 주고 동참할 방법을 발견할 수 있을 거야. 너와 네가 다니는 학교나 이웃, 가정 등 어디에서 시작하든지 상관 없어. 그저 "사람들 사이에 평화와 이해를 쌓기 위해서 내가 무엇을 할 수 있을까?"라고 자신에게 물어보면 돼.

이 책의 마지막 몇 장을 쓰는 동안 난 도서관에 갈 때마다 자전거를 이용했어. 집으로 가려던 어느 날 밤, 나는 다시 한번 내 자전거 어딘가가 이상하다는 것을 알아챘지. 그런데 이번에는 누군가 자전거 의자에 빨간 장미 한 송이를 올려놓았더라고. 나는 그 도둑이 모든 것을 바로잡기 위해 올려놓은 것으로 생각하고 싶어.

참고 문헌

- 퍼스트 네이션 국가의회(AFN), "보고서: 퍼스트 네이션의 삶의 질, 2011.6", afn.ca/uploads/les/factsheets/quality_of_life_ nal_fe.pdf, 2015.09.11.
- 블룸필드(Bloomfield), 데이비드(David), 테레사 바네스(Teresa Barnes) 그리고 룩 휘세(Luc Huyse) 편집,《폭력적 충돌 후의 화해에 관한 안내서》 스웨덴, 스톡홀름, 민주주의선거지원국제기구(IDEA), 2003.
- "찰스 펄킨스" 오스트레일리아인 전기 시리즈, 필름 오스트레일리아, 1998, australianbiography.gov.au/subjects/perkins, 2015.08.27.
- 충돌, 문화 그리고 기억 연구소, 워털루대학교, ccmlab.uwaterloo.ca/index. html.
- 쿨리 데니스(Cooley, Dennis),「회복적 정의에서 변형적 사법」, 오타와: 캐나다 법률위원회, 2007.
- 프란스 B. M. 드 발(de Waal, Frans B. M.), "영장류. 갈등 해결의 자연적 유산", 과학289, no.5479(2000.07.28.): 586-90.
- _____.《영장류들의 화해》, 캠브리지, 메사추세츠주, 하버드 대학교 출판, 1989.
- 제라드 다이아몬드,《어제까지의 세계: 우리는 전통사회로부터 무엇을 배울 수 있는가?》 뉴욕: 펭귄북스, 2012.
- 딕슨-길모어, 제인 그리고 캐롤 라 프레리,《그 사회는 깨지지 않을 것인가?: 호주 원주민 사회, 회복적 정의, 그리고 충돌과 변화에 대한 도전들》,

토론토: 토론토 대학교 출판, 2005.

- 엘리엇, 헤더, 에드, 《아이들과 평화구축: 경험과 시각》, 오스트레일리아: 월드비전, 2002.

- 펜스타인, 클레어 그리고 클레어 오케인, 《어른들의 전쟁과 젊은 세대의 평화: 아이들의 무력분쟁 참여, 분쟁 이후와 평화 구축》, 세이브더칠드런 노르웨이, 2008.

- _____. 《나는 평화를 그렸다: 아이들과 젊은이들과 함께 만드는 그들을 위한 평화 안내서》, 세이브더칠드런 노르웨이, 2008.

- 크리스티나 피사닉, 《르완다 집단 학살, 파밍턴 힐즈》, 미시건주: 그린헤이븐 출판, 2004.

- 갈린스키, 로스 고든 그리고 키어니 F. 힐리, 《아이들에게 엄하게 대하기: 다시 생각해 보는 청소년법의 접근방식들》, 새스커툰, 서스캐처원: 퓨리치 출판, 2003.

- "어떻게 광란의 술파티가 법역사를 바꾸었나." 오타와 시티즌, 2007.03.02., www.canada.com/story.html?id=68c9484e-7dfa-41a6-976a-fcd9b0a96424, 2004.09.11.

- 인권감시단. '계속되는 상처: 르완다 아동들에게 미치고 있는 집단학살과 전쟁의 결과', 뉴욕: 인권감시단, 2003.

- 허버트 마고 A(편집), 《정의 추구: 사법연구 입문》, 핼리팩스, NS: 펀우드 출판, 2011.

- 트리시아 S.존스와 랜디 컴트 편집, 《해답을 찾는 아이들: 학교 내 평화를 위한 스토리와 전략들》, 샌프란시스코: 조세이 바스, 2003.

- 러스 켈리, 《악동에서 학자가 되기까지, 러스 켈리의 스토리》, 퍼거스, 온타리오: 러스 켈리 출판, 2006.

- 마리안 리브만, 《회복적 정의: 작용원리》, 런던: 제시카 킹슬리 출판, 2007.

- 제니퍼 J. 르웰린과 로버트 하우즈, 「회복적 정의: 개념연구」, 오타와: 캐나다 법률위원회, 1998.

- "획기적인 청소년 프로그램을 운영했던 LRT살인의 피해자", CBC 뉴스, cbc.ca/news/canada/edmonton/lrt-homicide-victim-once-ran-innovative-youth-program-1.1171332, 2012.02.06.

- 테란스D. 미테와 홍 루, 《처벌: 비교적 역사적인 관점》, 캠브리지, 영국: 캠브리지 대학교 출판사, 2005.

- 패트리샤 몬체 오카니, "원주민들의 정의를 생각해보기: 신화와 혁명", 《계속되는 파운더메이커와 리엘의 탐구: 원주민들과 정의에 관한 회의에서의 프레젠테이션》, 새스커툰, SK: 퓨리치 출판, 1993.

- 루스 모리스, 《변화하는 사법 스토리들》, 토론토: 캐네디언 스칼라 프레스, 2000.

- 브렌다 모리슨, 《안전한 학교 공동체를 회복하기: 집단따돌림과 폭력 그리고 소외에 관한 학교들의 총체적 대응》, 애넌데일, NSW: 더 페데레이션 프레스, 2007.

- 아부 파텔, 《신념에 찬 행위: 미국인 이슬람교도의 스토리, 시대정신을 향한 투쟁》, 보스턴, 비컨 프레스, 2010.

- 존 페리 편집, 「회복적 정의를 통한 공동체 재건」, 랜햄, MD:미국 교정협회, 2002.

- "대단히 미안합니다." 이코노미스트vol.368, no.8335(2003.08.02), 54.

- 다니엘 리젤, 회복적 정의의 신경과학, 테드 토크, youtube.com/watch?v=tzJYY2p0QIc, 2012.

- 알레한드로 레예스, "가혹한 처벌: 싱가포트의 태형, 범죄와 처벌에 관한 격렬한 논쟁을 불러일으키다", 아시아워크, 1994.05.25., corpun.com/awfay9405.htm.

- 나오미 롯 애리아자와 하비에르 마리에즈큐레나 편집, 《21세기의 과도기적 사법: 진실과 정의 너머》, 캠브리지, 영국: 캠브리지 대학교 출판사, 2006.

- R.S.로젠버그, S.L 바흐만 그리고 J.N. 베일린스, 「가상 슈퍼히어로: 가상세계에서 친사회적 행동을 장려하기 위해 슈퍼파워 사용하기」, 플로스원8,

no1, doi:10.1371/journal.pone.0055003, 2013.

- 루퍼트 로스, 《가르침으로의 회귀: 원주민들의 정의 탐구》, 토론토:펭귄 북 스, 1996.

- 마이크 로이코, "공공기물 파손자의 태형의 '진의'를 찾아내는 독자들' 뉴 욕데일리 뉴스, s88.photobucket.com/user/corpuncom/media/archive/ 3658a.jpg.html, 1994.03.30.

- 마이클 J. 샌델, 《정의란 무엇인가?》 뉴욕: 파라, 스트로스 앤드 지루 출판 사, 2009.

- 알브레히트 슈나벨과 아나라 타비세하리에바, 《피해자의식에서 벗어나기: 아동, 청소년 그리고 갈등 후의 평화구축》, 국제연합대학 출판사: 뉴욕, 2013.

- "미안하지 않다", 맥클린스 매거진, 2012.04.05.

- "십대의 관점 2011", 유스 워크 아일랜드, 모너핸, youthworkireland.ie/ monaghan/wp-content/uploads/2011/06/teenage_perspectives_ report 2011.pdf.

- 로렌 워커, 가해자가 참여하지 않는 회복적 정의: 피해자들을 위한 시범 프로그램. 회복적 실천 E-포럼, 2004. 사회 과학 연구 네트워크에서 발췌: ssrn.com/abstract=2139140.

- 에릭 웨스터벨트, "정직과 추방의 대안: '모여라!'" 내셔널 퍼블릭 라디 오. 12월 17일, 2014.npr.org/blogs/ed/2014/12/17/347383068/an- alternative-to-suspension-and-expulsion-circle-up?sc=tw.

- 하워드 제어, 《렌즈 바꾸기: 범죄와 정의에 대한 새로운 시각. 스코드 데일》, 펜실베니아주: 헤럴드 출판, 1995. emu.edu/now/restorative- justice/2011/03/10/restorative-or-transformative-justice/.

- _____. "회복적 혹은 변화를 이끄는 사법?" 회복적 정의 블로그. 3 월 10일, 2011. 검색일 3월 3일, 2013. emu.edu/now/restorative-justice/ 2011/03/10/restorative-or-transformative-justice.

감사의 말

이 책이 완성되기까지 많은 분의 수고가 있었습니다. 저에게 자신들의 이야기를 들려주고 많은 질문에 열린 마음으로 정직하게 답해 준 러스 켈리와 쇼반 올라일리에게 매우 감사드립니다. 에드먼턴의 청소년 회복 행동 프로젝트에서 일하고 있는 테일러 레이 포스터 역시 그녀의 동료였던 헤더 써리어와의 기억을 친절히 공유해 주셨습니다. 리자 뮤스레는 저의 많은 이메일에도 참을성 있게 답변을 주셨습니다. 팔레스타인에서 축구를 사랑하는 소녀였던 그녀의 인생 이야기를 자세하게 들려주면서 말이죠. 회복적 정의를 위한 밴쿠버 연합의 프랭크 테스터도 이 책의 윤곽을 잡는 데 도움이 되는 조사를 할 수 있도록 좋은 조언과 제안을 주셨습니다. 또한 아버지 찰스 펄킨스의 1999년부터의 오스트레일리아 전기 문서를 인용할 수 있도록 허락해 주신 레이첼 펄킨스에게도 감사드립니다. 아울러 인내력과 유쾌한 유머를 바탕으로 예리하고 지적인 편집을 해 준 바바라 풀링과 엘리자베스 매클레인, 파울라 아이어 그리고 콜린 맥밀란에게 깊은 감사를 드립니다.